KB272384

중앙부처 공무원의
고향 살리기

중앙부처 공무원의 고향 살리기

발행일	2026년 4월 27일

지은이	김경욱
펴낸이	손형국
펴낸곳	(주)북랩

출판등록 2004. 12. 1(제2012-000051호)
주소 서울특별시 금천구 가산디지털 1로 168, 우림라이온스밸리 B동 B111호, B113~115호
홈페이지 www.book.co.kr
전화번호 (02)2026-5777   팩스 (02)3159-9637

ISBN 979-11-7598-259-8 03350 (종이책)   979-11-7598-260-4 05350 (전자책)

작가 연락처 문의 ▸ ask.book.co.kr

전용 게시판에 문의를 남기시면 저자에게 직접 전달됩니다.

(주)북랩 성공출판의 파트너

북랩 홈페이지와 SNS에서 다양한 출판 솔루션을 만나 보세요!

홈페이지 book.co.kr   •   **블로그** blog.naver.com/essaybook   •   **출판문의** text@book.co.kr
카톡채널 북랩

중앙부처 공무원의 고향 살리기

김경욱 지음

서문

저는 2020년 2월『국토부맨 김경욱의 더 큰 충주 프로젝트』라는 책을 발간한 바 있습니다. 당시 30년간의 국토교통부 근무를 마치고 제21대 총선에서 국회의원으로 출마하기 위해 막 정치권에 입문한 때였고, 지역구 주민들에게 저를 알리기 위해 출판과 함께 북 콘서트를 개최했습니다. 6년의 세월이 흐른 지금, 후속편으로『중앙부처 공무원의 고향 살리기』를 발간하고자 합니다.

그동안 2020년과 2024년 두 번의 총선에서 선거에 나섰다가 낙선한 아픈 경험을 했습니다. 2021년 2월부터 2023년

4월까지는 인천국제공항공사의 사장으로 임명되어 세계 최고의 인천국제공항을 운영하기도 했고, 2024년 4월부터는 충주에 머물면서 지역 구석구석을 방문해 시민들을 만나 뵙고 대화하는 활동을 꾸준히 해 왔습니다. 저의 고향 충주에서 지방 중소도시 발전의 모범 사례를 만들어 보고자 하는 정치 입문의 소망에 한 걸음 더 다가가고자, 많은 내외부 전문가들과 함께 "충주권역 발전포럼"이라는 연구 모임을 구성하고, 3차례에 걸친 세미나를 개최하기도 했습니다.

이러한 경험을 바탕으로 이번에 새로 발간하는 『중앙부처 공무원의 고향 살리기』에서는 전편과는 다른 내용을 다룰 예정입니다. 2020년 발간한 책에서는 전반부에 지역 주민들에게 저를 알리고자 충주에서 출생한 이후의 성장 과정과 행정고시를 통해 공무원이 되기까지의 생애를 정리하고, 후반부에는 충주발전에 참고가 되도록 2006년 9월부터 2008년 2월까지 영국 버밍햄대학교 도시지역정책센터에서 연수하는 동안 연구했던 지역 발전 정책을 소개했습니다. 이번 책에서는 국토교통부에서 30년, 인천국제공항공사에서 2년여를 근무하는 동안 제가 담당했던 업무 추진 내용을 정리하고, 그동안 "충주권역 발전포럼"에서 발표했던 내용을 중심으로, 제 고향 충주의 현황을 분석하고 발전 방향을 제시해 보고자 합니다.

침체되어 가는 지방 도시를 발전시키기 위해 노심초사하고 계신 전국 각지의 뜻있는 분들께 작지만 좋은 참고가 되면 좋겠습니다. 아울러 저에게 기대를 가지고 계신 시민들께 저의 생각과 능력에 대해 판단하실 정보를 알려드리고, 충주를 위해 봉사할 기회를 얻게 될 경우 추진할 정책 방향에 대해 시민들에게 소상히 알리는 것이 정치인의 바른 자세라고 생각하며, 삼가 졸고를 시민들께 올립니다.

차례

2장 인천국제공항 운영

2부 지방 도시 충주의 현황과 발전 방안

1부

중앙부처 공무원이
일하는 법

1장

국토부 재직 시절의 기억

공직 입문과
건자재 파동

나는 1984년 초 서울대학교 경제학과에 입학하고자 면접 시험을 보고 있었다. 나중에 경제부총리와 서울특별시장을 역임하신 조순 교수님이 면접관이셨는데, 왜 경제학과를 선택했냐고 질문을 하셨다. "경제 분야의 공무원이 되어서 일해 보고 싶어서 선택했습니다."라고 답을 드렸더니, "오, 재경 시험을 치를 사람이구나, 열심히 해보게."라고 말씀하셨다. '재경시험이 뭐지?' 솔직히 그때까지 재경시험이 무엇인지 몰랐다.

나중에 알게 되었지만, 재경시험은 행정고시의 한 분야다.

5급 사무관을 뽑는 행정고시는 일반행정, 재경, 사회, 교육 등 직렬별로 인원을 선발했는데, 그중 경제부처 공무원을 뽑는 행정고시 재경직렬 시험을 '재경시험'이라고 불렀다. 재경시험은 행정고시 중에서도 가장 어려운 시험이라는 평이 있었고, 당시에는 40명을 선발했는데, 경쟁률이 100:1 정도였다. 나는 4년을 준비한 끝에 4등이라는 좋은 성적으로 합격해 1990년 공무원이 되었다.

재경시험에 통과한 신임 사무관들은 성적이 좋은 순으로 희망 부처를 선택할 수 있었는데, 당시 경제부처 중에서 재무부, 경제기획원, 상공부 등의 순으로 인기가 있었다. 나는 경제기획원에 갈 수 있는 성적이었지만 이를 마다하고 건설부를 선택했다. 내가 공무원 준비를 하던 1980년대 말에는 온 나라를 흔들 정도로 부동산 가격이 급등했고, 이에 대처해 200만호 주택건설과 토지공개념 정책이 시행되던 때였다. 여기 더해 당시 나의 아버지께서 건설회사에 근무하고 계셨기에 건설 분야에 대한 호기심과 관심이 컸다.

신임 공무원 교육과 연수를 마치고 1991년 5월부터 건설부에서 근무했는데, 처음 맡았던 업무가 건설경기 예측과 건자재 수급안정에 관련된 일이었다. 당시에는 분당, 일산, 평촌, 중동, 산본 등 5개 수도권 신도시 건설을 비롯해 200만 호 주택건설 정책이 본격적으로 추진되고 있었다. 그런데 시멘트, 레미콘, 철근, 형강, 골재, 위생도기 등의 국내 생산능력이 부족한 가운데 막대한 양의 건설이 급하게 추진되다 보니 건자재 품귀 현상과 가격 폭등이 나타나고 있었다.

이 업무를 담당하고 있던 건설부 건설경제과는 연일 계속되는 언론과 정치권의 질타 속에서 대책을 마련하느라 휴일 없는 야근이 계속됐고, 직원들은 그야말로 녹초가 되고 있었다. 지금 생각하면 경험 없는 초임 사무관이 중책을 수행하는 그 부서에 배치된 것은 이치에 맞지 않는 일이었는데, 고참 사무관들이 폭주하는 업무에 지쳐 다른 부처로 줄줄이 전출을 가는 바람에 공백이 생겼음에도, 아무도 그 부서에 배치받기를 원하지 않았던 까닭에 부득이 초짜 사무관을 보낸 것이었다.

시멘트, 철근, 골재 등을 비롯한 주요 자재의 수요를 예측하고 이에 대응한 대책을 마련하는 것이 임무였는데, 건자재 수요예측의 기초가 되는 건설투자 전망은 국토연구원 전문가들의 도움을 많이 받았다. 건설투자 규모를 예측하기 위해서는 건축허가나 건설수주 등 선행변수를 파악하는 것에 더해서 민간소비, 설비투자, 수출, 수입 이자율 등 경제에 전반을 함께 분석해야 하는 만큼, 그때 배운 거시경제에 대한 이해가 지금도 많은 도움이 되고 있다.

전망과 예측보다도 어려운 것이 공급 대책인데, 부족한 국내 업체의 생산능력이 단기간에 갑자기 늘어나는 것도 아니고, 수입촉진과 사재기 등 유통단계에서 문제가 발생하지 않도록 하는 것이 중요했다. 그래서 사무실에 있는 시간보다 을지로 건재상이나 신도시 건설현장들을 다니면서 사재기 현상은 없는지, 건설현장에 자재는 잘 들어오고 있는지 확인하며 다니는 시간이 많았다. 당시 경제기획원 수급계획과와 상공부 요업과, 건설부 건설경제과가 정부합동 점검단을 운영했는데 전국을 다니며 점검한 내용은 경제장관회의에 수시로 보고되었다. 부족한 건자재의 수입을 촉진하기 위해 할당관세 제도를 적용해서 건자재의 수입을 촉진하는 정책도 추진했다. 막대한 양의 시멘트와 철근이 중국으로부터 수입되는 바람에 인천항에서는 선박이 물건을 내리지 못해 오래 머무르는 체선체화 현상이 나타났고 이에 대한 대책도 해운항만청과 함께 추진하였다.

골재 파동 또한 심각했었는데, 골재는 공장에서 제조되는 것이 아니라 하천, 바다, 석산 등에서 채취되는 것이므로, 관련 지자체의 인허가가 매우 중요했다. 이를 위해 당시 건설부에서 골재채취법을 제정하고 이 법에 따라 권역별로 인허가할 물량에 대한 법정계획을 수립하는 정책을 추진했는데, 당시 같은 과에 근무하시던 나와 행정고시 동기 형님인 Y 사무관님의 노고가 무척 컸었다. 품질이 좋은 한강 강모래가 부족해지자, 인천 앞바다의 바다모래에 대한 의존도가 커졌었다. 바다모래는 염분을 제거하지 않으면 철근을 부식시켜서 건축물의 수명을 단축시키는 문제가 있어서, 수도권 신도시 입주 예정자들의 불안감이 커지고 큰 사회문제가 되었다. 결국, 인천까지 바다모래를 씻을 물을 공급하도록 별도의 공업용수도를 건설하는 정책까지 써야 했다.

200만호 주택건설로 촉발된 건설경기의 과열은 결국 정부의 강제적인 건축 제한으로 진정되기 시작했다. 초기 단계에서는 마사지숍과 같은 불요불급한 수요에 대해 건축허가를 금지하기 시작했고, 이어서 공공건축물의 발주 연기, 포스코를 비롯한 대기업 사옥건설에 대한 자제 요청, 최종적으로는 지역별로 아파트 사업승인 물량을 할당하는 상황에 이르게 되었다.

건설경기 과열로 극심한 건자재 파동을 겪은 것에 더해서, 건설인력 부족 현상으로 시중노임이 급격하게 상승한 것은 우리나라의 수출 경쟁력을 약화시킨 요인으로 지적되기도 한다. 이러한 현상이 나타나게 된 근본적인 원인은 수도권 인구 집중에 있었다. 당시 서울로 매년 15~20만 명 정도의 인구가 유입되고 있는 반면, 1980년대 말에 이르면 서울의 유휴 부지가 고갈되어 더 이상 주택을 공급하기 어려운 상황에 부닥치게 되었다. 서울시 외곽 경기도에 계획도시인 신도시를 건설해 인구를 수용하려는 것은 도시계획 차원에서는 바람직한 방향이었다고 생각되지만, 우리 경제의 공급능력을 넘어선 프로젝트의 추진으로 상당한 무리가 발생했다.

나의 공무원 생활은 그런 아수라장 속에서 이루어졌는데, 보람도 컸지만 정말 고생이 많았던 시절이었다. 그렇게 수도권 5개 신도시 건설이 종료되었고, 김영삼 대통령은 신도시 건설에 대해 망국적인 정책이라고 지극히 부정적인 생각을 가지게 되었다고 한다. 그 결과 2000년대 중반 판교 등 2기 신도시가 건설되기 전까지 10년 이상 신도시 개발이 전면 중단된 가운데 수도권 인구 유입은 계속되면서 극심한 난개발이 발생한 점은 큰 아쉬움으로 남는다.

예산당국과
관련된 애증

YS정부는 1994년 12월 경제기획원과 재무부를 통합해서 재정경제원을 만들고, 건설부와 교통부를 통합해서 건설교통부를 만드는 방향으로 정부조직을 개편했다. 덕분에 나는 건설업무 외에 교통업무를 함께 담당하는 건설교통부의 공무원이 되었다. 교통안전 관련업무를 잠시 수행한 후, 건설교통부 예산담당관실로 배치되어 예산업무를 담당하게 되었다.

대한민국 정부의 예산을 편성하는 경제기획원(재정경제원, 기획재정부, 예산청, (현)기획예산처)의 예산실은 정부부처의 수

많은 부서 중 가장 강력한 파워를 자랑하는 곳이다. 정부 전체에서 경제기획원이 하는 역할을 각 부처 내에서 하는 곳이 기획조정실인데, 기획조정실은 업무계획 수립, 심사평가, 예산의 편성과 지출, 법령 운영과 정비, 그리고 때에 따라서는 R&D와 미래기획, 국제협력 등을 담당하는 핵심 조직이다.

나는 공무원 8년 차에 기획조정실로 발령을 받은 이래, 예산담당관실 사무관, 기획담당관실 서기관, 기획담당관, 정책기획관, 기획조정실장까지 10년을 기획조정실에서 일했다. 그중에서도 예산과 관련된 업무는 항상 고되고 어려웠다. 처음 공무원이 된 후 부처를 고를 때 경제기획원을 선택했으면 '갑'의 입장에서 담당했을 수도 있는 예산업무를 수요부처인 '을'의 입장에서 수행하면서 예산당국에 대한 애증을 갖게 되었다.

처음 예산업무를 맡았던 1997년 말에 우리나라는 IMF 환란을 겪게 되었다. 1997년 말에 편성된 1998년 예산은 새해가 시작되자마자 대규모로 긴축된 추경예산으로 변경되었고, 몇 달 지나지 않아 다시 경제 활성화를 위해 증액된 추경예산으로 재편성되는 등 우왕좌왕하는 상황 속에서 1년에 한 번 할 예산 편성을 세 번 하는 이례적인 경우도 경험했다.

고향인 충주에 내려와서 많이 듣는 말 중 하나는 국회의원이 중앙 예산을 많이 가져오고, 시장·군수가 그 예산을 잘 쓰는 것이 지역이 발전하는 방법이라는 것이다. 직접 중앙정부 예산의 편성부터 국회 심의까지 경험해 본 필자로서는 수긍하기 힘든 주장이다. 매해 연말이 되면 우리 지역 국회의원이 중앙 예산 몇천억 원을 가져왔네 하면서 호들갑을 떠는 것이 내게는 이상하게만 느껴진다.

중앙정부의 예산은 매년 상반기 각 부처를 비롯한 중앙행정기관이 재정당국에 예산요구서를 제출하는 데에서부터 시작되며, 재정당국의 예산실이 각 부처가 요구한 예산을 심의한 후 정부 예산안을 마련해 국회에 제출한다. 국회는 해당 상임위원회와 예산결산특별위원회에서 이를 심의·조정하고 본회의에서 의결해 다음 연도에 집행할 예산을 확정하는데, 당초 정부에서 제출한 예산안에서 큰 변동이 일어나지는 않는다.

2026년도 예산을 기준으로 살펴보면, 총지출이 역대 최대인 727.9조 원인데, 국회 심의 과정에서 불필요한 예산 4.3조 원을 감액하고 그중 4.2조 원을 핵심 분야에 재배분했다고 발표되고 있다. 그렇다면 총액 규모는 0.01% 줄어드는 데 그쳤고, 감액과 증액을 합친 8.5조 원은 전체 예산의 1.2%에 불과하다. 결국 국회에서 조정되는 부분은 1% 내외이고 99%는 정부 예산안대로 확정·집행되는 것이다.

더구나 관련 법에서는 예산을 삭감하는 것만이 국회의 권한이고, 증액하는 것은 정부(예산실)의 동의가 있어야만 가능하다고 규정하고 있다. 그래서 해마다 예산안을 최종 확정하는 단계에서는 국회의원들의 증액 요구와 이에 반대하는 정부(예산실)의 줄다리기가 치열하게 이루어진다. 내가 예산을 담당하던 초기 시절에는 정부(예산실)의 파워가 국회의원들을 압도했는데, 점차 국회의 권위가 강화되면서 정부예산안이 조정되는 폭이 커지고 있다. 그럼에도 불구하고 실제 조정되는 폭은 1% 내외라는 점을 이해해야 한다.

정부 예산은 중층적인 검토 과정을 거친다. 국토교통부의 도로국, 철도국과 같은 중앙부처의 부서들이 각 부처의 기획조정실(예산담당관)에 예산을 요구하고, 기획조정실은 부처 내 부서들이 제출한 자료를 토대로 이를 조정하여 해당 부처의 예산요구서를 재정당국(예산실)에 제출한다. 예산실의 분야별 담당부서에서 각 부처가 요구한 사업들을 검토해 조정하고 부내 예산심의회에서 이를 심사해 반영하는 절차를 거친 후, 최종적으로 당정 협의와 대통령 보고를 거쳐 정부 예산안을 확정한다. 정부예산안이 국회에 제출되면, 각 상임위원회와 예산결산특별위원회에서 이를 다시 조정한다.

이 과정은 단순해 보일 수도 있지만, 사실 엄청나게 복잡한 제도적 장치가 있고, 수많은 사람이 관련되며, 방대한 양의 검토 자료가 요구되는 과정이다. 또한 여러 분야와 지역별 이해관계가 밑바닥에 깔려 있기 때문에 근본적으로 고도의 정치 과정이기도 하다. 그 안에서 플레이어의 일원으로 활동할 때는 그저 힘들고 지치는 일로 생각되었지만, 날이 갈수록 예산이 편성되고 집행되는 과정에 대한 이해가 높아지게 되었다. 이제는 정부 밖에서 우리 지역의 발전을 바라는 입장에 서 있는 지금, 정부 예산에 대해 체득한 경험을 잘 활용해야 하겠다는 생각이다.

　요즘은 정부예산의 편성 과정이 얼마나 효율적인가에 대한 의문을 가지고 있다. 예산 업무를 담당하면서 너무나 많은 비효율을 보아 온 지라, 재정당국이나 국회를 비판하려는 차원은 아니지만, 이를 알리고 고쳐지면 좋겠다는 생각으로 몇 가지 소개해 보고자 한다.

　우선 도로와 같은 장기 계속 사업의 경우 한 번 시작되면 10년 정도가 걸리는 불합리를 개선해야 한다. (예를 들어 청주-충주를 잇는 충청내륙 고속화도로는 2017년 5월 착공되어 2025년 12월에 준공되었으므로 공사에만 8년 7개월이 걸렸다.) 한정된 예산을 가지고 여러 사업을 동시에 하면, 사업별로 너무 적은 재원이 투입되고 사업 기간은 늘어나게 된다. 소수의 사업에 집중 투자해 하나하나 준공시켜 나가는 것이 비용도 줄이고 시민의 편의도 높이는 일이다.

　그에 더해서 건설업체에게 실력을 발휘할 기회를 주어야 한다. 마음껏 일하면 3~4년이면 끝날 일을 예산을 찔끔찔끔

배분해 7~8년이 걸리는 일이 허다하다. 이 경우 건설현장에서는 1년에 반만 일하고 노는 격이다. 실력껏 일해서 빨리 준공하도록 규제를 완화해 주어야 한다. 미국을 비롯한 대부분의 선진국이 그렇게 운영하고 있는데, 우리 재정당국은 회계연도 독립 원칙에 집착한 나머지 통제가 너무 심하다. 지급할 예산이 부족할 경우, 준공증명서를 발급해 이를 토대로 민간 금융시장에서 할인받도록 하면 비용을 대폭 줄일 수 있고 건설업체들도 크게 만족할 것이다.

한편, 대규모 신규 사업을 추진하기 위해서는 반드시 통과해야 하는 예비타당성 조사 제도의 운영이 매우 부실하다. 지역 발전을 원하는 지방자치단체들은 예비타당성 조사를 통곡의 벽이라고 표현할 정도다. 예비타당성 조사를 담당하는 KDI와 경제학자들은 계산되지 않는 편익은 무시하는 경향이 크다. 예비타당성 조사 담당자들이 재정 균형을 제1의 가치로 생각하는 듯 지극히 보수적으로 제도를 운영해 국가 발전을 가로막고 있다. 나는 예비타당성 조사가 일찍 도입되었다면 경부고속도로, 포항제철, 인천국제공항, 경부고속철도와 같은 우리나라 발전에 크게 기여한 사업 중 이 조사를 통과했을 사업이 하나도 없었을 것이라고 단언한다. 최근 우리나라는 반도체 등 민간의 과감한 투자로 성장하고 있는 반면, 2000년대 초반 경부고속철도와 인천국제공항 준공 이후 정부가 투자해서 나라를 살릴만한 사업이 있었는지 기억이 희미하다.

세부적인 운영 체계도 문제가 많다. 일례로 국토교통부가 경부고속철도의 병목구간이던 오송-평택 구간을 확장하고자 예비타당성 조사를 요청했더니, 이 구간을 확장하더라도 이어지는 구간인 평택-시흥 구간의 선로 용량이 작아 추가 열차투입이 불가능하다는 이유로 탈락시켰다. 반대로 평택-시흥 구간의 확장을 신청했더니, 이번에는 이어지는 구간인 오송-평택 구간의 선로 용량이 작다고 탈락시켰다. 오송-평택-시흥을 한꺼번에 확장하면 문제가 없을 일인데 코미디가 따로 없었다. 나중에 기획조정실장이 되었을 때 기획재정부가 주관한 예타 업무 담당자 연찬회에서 이 사례를 언급하며, "저는 예타에서 코미디가 벌어지고 있다고 생각합니다."라고 말했더니 무척 싫어하던 표정이었던 기억이 난다.

요즘 SRT 고속열차 표 구하기가 너무나 어렵다. 이유는 고속열차가 부족해서 한 편성에 20량씩 다니는 KTX와는 달리 SRT는 10량의 단편성으로 운행되는 경우가 많기 때문이다. SRT를 운행하는 ㈜SR은 이 문제를 해결하고자 일찍이 고속열차 추가 주문을 추진했는데, KDI가 공기업 예비타당성 조사에서 사업성이 없다는 이유로 이를 탈락시켰다. 일반적인 상식으로 보더라도 열차가 10량 대신 20량으로 다니면 시민 편의가 높아지고, 열차를 생산하는 로템은 매출이 늘고, ㈜SR은 수입이 늘어 모두에게 이익인데, KDI의 경제학자들은 어떤 근거로 이를 부적절한 사업으로 판단했는지 의문이다. 2019년 내가 기획조정실장 시절 기획재정부 차관 주재 공기업운영위원회에서 이 문제를 강력히 제기했고, 기재부 간부진들도 이건 잘못된 것 같다고 조속히 시정하겠다고 했는데, 아직도 열차 구매는 진행 중이고, SRT 표 구매난은 계속되고 있다. 예비타당성 제도 없이 공기업의 판단에 맡겨 놓았다면 벌써부터 SRT도 20량 고속열차가 운행되고 있을 것이다.

정부예산이 확정되기까지 수많은 중층 구조 속에서 검토

가 이루어지는데, 최종 시점에 가까워질수록 권력은 커 보이지만 실제 미치는 영향력은 작아진다. 도로 사업을 예로 들면, 국토교통부 도로국 사무관이 편성한 예산요구가 국토교통부 기획조정실의 조정을 거치면서 삭감되고, 기획재정부 예산심의를 거치면서 또 삭감되고, 국회심의를 거치면서 또 삭감된다. 그러나 최종 확정된 예산은 처음 도로국 사무관이 편성한 예산의 일부일 뿐이다. '펜대를 쥔 놈이 최고'라는 말이 있듯이 이후의 참여자들이 도로국 초안에 없는 새로운 사업을 만들어 넣는 것은 거의 불가능에 가깝다.

그렇다면 도로국이나 철도국의 사무관은 전권이 있을까? 국도의 경우 「국도·국지도 건설 5개년계획」, 철도의 경우 「국가철도망 구축계획」이라는 법정계획에 포함되지 않은 사업은 예산요구 자체를 할 수 없다. 법정계획에 포함된 사업 중에서 예비타당성 조사까지 통과한 사업만이 예산요구의 대상인데, 예비타당성조사는 법정계획 수립과 동시에 이루어지기도 하고, 법정계획이 먼저 수립된 다음 개별 사업별로 조사되기도 한다.

결국 지역 발전을 위해 꼭 필요한 사업에 예산이 투입되기 위해서는 우선 부문별 법정계획에 반영되어야 하고, 이어서 예비타당성 조사를 통과해야 한다. 예비타당성 조사가 필요한 경우는 조사대상으로 선정되는 것부터 지역 간 경쟁이 치열하고, 통과되기 위해서도 필요한 대응을 아끼지 않아야 한다. 법정계획 반영이나 예비타당성조사 통과에 기여한 정치인이나 공무원이 진정으로 지역발전에 기여한 공이 큰 반면, 마지막 단계에서 예산액을 조금 늘리는 정도로 생색을 내는 것에는 좋은 평가를 하기는 어렵다.

예비타당성 조사 제도가 지역발전의 장애가 되는 '통곡의 벽'이 되다 보니, 아주 드물게 대통령의 정치적 결단으로 사업이 추진되는 사례들이 있다. 이명박 정부 때 추진되었던 4대강 사업과 최근 추진되고 있는 가덕도 신공항이 대표적인 예가 되겠다. 내가 국토교통부 기획조정실장이던 2019년 무렵 김경수 경남지사가 김천-진주간 남부내륙고속철도의 예비타당성 조사 면제를 강력하게 건의했고, 청와대는 이를 수용하는 분위기였다. 국토교통부는 광역 시·도별 1개씩의 숙원사업을 반영해 주는 것이 형평성 차원에서 옳다는 입장을 내세웠고, 이에 반대하는 기획재정부와의 피터지는 싸움 끝에 이 정책이 채택되었다. 이때 충청북도의 이시종 지사는 충북선 고속화를 예비타당성 조사 면제사업으로 추천해서 반영되었다. 한 가지 아쉬운 점이 있다면, 충청북도에서 제시된 고속철도 계획이 예비타당성 조사 통과를 목표로 최대한 비용을 줄인 저사양의 계획이었다는 점이다. 예비타당성 조사면제도 있을 수 있다는 전제하에 비용을 제대로 반영한 플랜 B를 준비했다가 제시했다면, 충주의 경우 달천고가 문제나, 주덕·대소원 구간의 도시 단절 문제 등을 한 번에 해결하고, 지금 문제가 되는 도심구간 지하화도 반영할 기회가 되었을 것이다.

경제특구와
시화매립지

DJ정부(국민의정부)가 끝나갈 무렵 나는 국토정책국 국토정책과의 주무 서기관으로 일하고 있었다. 국토정책과는 우리나라 국토정책의 최상위 계획인 「국토종합계획」의 수립을 비롯해 국토정책을 총괄하는 부서다. 내가 발령을 받았을 때에는 전임자가 제4차 국토종합계획 수립을 마무리해 놓은 상태라서, 부처에 밀려 있던 현안업무를 주로 해결하는 역할을 담당했다.

그중 하나가 지금은 "청라국제도시"라고 불리는 김포매립지 문제를 해결한 것이다. 당시 재정경제부 지역경제정책과와 건설교통부 국토정책과가 공동으로 경제특구 도입에 대한 초기 연구를 진행하고 있었다. 경제특구는 외국인 투자를 유치하기 위해 여러 가지 규제를 완화하고 인허가 절차 간소화와 인센티브를 부여하는 제도인데, 당시 경제특구 대상지로 우선 검토되던 곳이 인천시 서부해안에 위치한 김포 매립지였다.

1980년대 해외 건설이 퇴조되면서 유휴 장비 활용 방안을 고심하던 정부는 건설업체들에게 농업용지 확보를 위한 공유수면 매립사업을 시행하도록 했는데, 동아건설이 인천 서부의 김포에 현대건설이 충남의 서산에 대규모 간척지를 조성한 바 있다.

김포매립지는 애초에 동아매립지로 불렸지만, 북측의 절반 정도는 서울시, 인천시, 경기도의 쓰레기를 매립하는 수도권 매립지로 활용되고 있었고, 남측은 동아건설이 부도가 나면서 농어촌공사가 소유해 농사를 짓고 있었다. 문제는 애초 농사에 관심이 없었던 동아건설이 날림으로 농지를 조성해서였는지 농지 생산성이 전혀 없어서 땅을 억지로 떠맡은 농어촌공사가 큰 손실을 보고 있었고, 매립지를 담보로 과도하게 대출해 준 금융권의 손실 또한 예견되는 상황이었다.

문제는 김포매립지가 인천에서도 외곽에 위치한지라 토지 수요가 적었고, 도시개발 전문 공기업인 주택공사와 토지공사가 모두 사업성 없음을 이유로 참여를 꺼리고 있다는 점이었다. 고심 끝에 서울 여의도로 이어지는 도로망을 개선하고, 인근을 지나던 공항철도에 "청라국제도시역"을 새로 만들어서 서울 수요를 받을 수 있는 국제금융 중심지로 육성하는 안을 만들었다. 그런데 송도신도시를 개발하고 있던 인천시에서 김포매립지가 경제특구가 될 경우 송도사업이 지장을 받을 것을 우려해 반대했고, 결국 청라-송도-영종의 3개 지구를 모두 경제자유구역으로 만드는 선에서 타협이 되었다. 오래전부터 인천시는 도시 발전을 위해 김포매립지의 도시용도 개발을 추진했는데, 농지 보전을 이유로 농림부가 완강히 반대하는 바람에 다른 대안을 찾아 송도지구를 매립하고 있었다. 산하기관인 농어촌공사의 사정이 어려워지자 농림부가 김포매립지의 도시용도 변경에 동의해 주는 모습을 보면서 인천시가 배신감을 느꼈을 법했다.

　이에 더해 수도권 집중 현상이 심화될 것을 우려한 부산, 경남, 전남 등의 반발이 이어졌고, 부산·진해 경제자유구역, 광양 경제자유구역 등도 허용되었으며, 이후에는 황해, 충북, 새만금 등도 경제자유구역으로 지정되기에 이르렀다. 이 과정에서 경제특구에 포함되기 위해 중앙정부를 설득하려 노력했던 지방자치단체 공무원들의 노력과 헌신이 기억에 남는다. 지금은 이름을 잊었지만 부산신항 지역에 현장점검하러 출장갔던 때, 동래온천 허심청에 새벽같이 찾아와 조카뻘인 젊은 공무원인 나의 등을 밀어주시던 부산시 국장님의 구수한 입담이 생각난다. 정치적 타협 과정을 거치면서 변질되는 바람에 경제특구 정책에 대해 100% 만족할 수는 없지만, 지금도 모래바람 날리던 허허벌판을 밟고 다녔던 청라, 송도 등에 멋진 국제도시가 들어선 것을 보며 보람을 느낀다.

　당시 시화매립지 관련 업무도 국토정책과에서 담당하고 있었다. 시화매립지는 공업단지 조성과 농지 확보를 목표로 방조제를 건설해 방대한 규모의 토지를 확보한 곳이었는데, 시화공단·반월공단 등이 들어선 북측과 달리 시화호 남측 간석지 1,700만 평이 유휴지로 남아 있었다. 시화호는 농업용

수 확보를 위해 담수화를 추진하던 거대한 호수인데, 유입되는 오염물질을 감당하지 못해 악취와 함께 썩어가는 심각한 환경문제를 겪었던 곳이다. 지금은 해수 유통으로 수질이 몰라보게 개선되었고 조력 발전을 통해 클린 에너지를 얻고 있다. 시화 남측 간석지도 사업성 부족으로 어려움을 겪던 곳인데, 수자원공사와 함께 도시개발 계획을 수립했고, 현재 "송산그린시티"라는 이름으로 순조롭게 건설되고 있다.

청라지구 경제자유구역 개발을 담당하게 된 토지공사 임직원들과 함께 선진국 도시개발 사례를 보러 출장을 갔었다. 성냥갑 같던 아파트에 옥상 조명을 설치하도록 한 것도 그때 얻은 아이디어였고, 파크골프 도입도 관련이 있다. 당시 미국의 신도시들은 도시를 개발할 때 도시 내에 크고 작은 골프장을 함께 건설하는 점이 특이했다. 출장에서 돌아온 토지공사 임원 한 분이 우리나라에도 신도시에 골프장을 넣을 방법을 검토하도록 지시했는데, 실무진들이 정규 골프장은 안 되고 파크골프는 가능하다고 보고했다. 수년이 지난 후 세종시 아파트 단지 사이에 파크골프장을 처음 조성했는데, 솔직히 처음에는 녹지 면적이 넓지 않아 크게 실망했다. 하지만

그로부터 10여 년이 지난 지금 전국적으로 일고 있는 파크골
프 열풍을 보면서 당시 실망했던 내가 멋쩍어진다.

신행정수도와
정부혁신

국토정책과에서 국토개발 업무를 신나게 수행하고 있는 와중에 16대 대통령 선거가 있었고, 노무현 대통령께서 당선되었다. 새로운 정부의 출범을 앞두고 인수위원회가 구성되어 광화문 정부종합청사 옆에 새로 건축되어 있던 외교부 별관에서 업무를 시작했다. 정부가 교체되는 시기에 인수위원회는 가장 강력한 파워를 자랑한다. 인수위원장과 분야별 인수위원들이 선임되고 나면 부처 보고를 받게 되는데, 인수위원들을 보조하기 위해 부처별로 국장 1명, 실무자 1명이 '전문요원'이라는 타이틀을 달고 파견되는 것이 상례다. 파견되는 공무원들은 새로운 정부의 임기 동안 승승장구하는 사례가 많았기 때문에 중앙부처 공무원이면 누구나 인수위원회 파견을 꿈꾸곤 한다. 당시 건설교통부에서도 이미 국장 한 분과 서기관 한 분이 경제분과에 파견되어 일을 하고 계셨다. 그런데 추가 파견이 있을 것이라는 소문이 돌았고, 그게 누구일까 궁금해 하던 찰나에 무보직 서기관이던 내가 C국장님을 모시고 인수위원회 정무분과에 파견을 나가라는 통보를 받게 되었다.

정무분과에 파견되어 맡은 임무는 당시 대통령의 1호 공약이었던 신행정수도 건설이 정말로 타당성이 있고 실현 가능한지 검토해 보고서를 작성하는 것이었다. 김포매립지, 시화 등의 도시개발 업무를 추진하는 모습을 보고 장·차관께서 나를 선택해 보내주신 것 같았다. 인수위원회에 가니 모르는 사람들을 많이 만나게 되어 낯설었지만, 사람들이 친절하고 분위기가 매우 좋았던 기억이 난다. 신행정수도에 이전하는 기관을 파악하고, 건설에 소요되는 비용과 기간에 대한 추계, 필요한 용지 면적, 비용 조달 방법 등을 검토해 신행정수도가 실현 가능성이 충분한 사업임을 인수위원회 최종 보고서에 담았다. 건설교통부와 협의해 중앙행정기관 외에 공공기관들을 광역자치단체별로 분산해서 이전하는 방안도 보고서에 포함했다. 공공기관 지방 이전은 당초 공약에는 없던 내용이라 보고를 받았던 인수위원들은 처음에는 의아해했지만, 결국 우리가 제시한 안이 채택되었다. 신행정수도는 위헌소송 등 우여곡절을 겪은 끝에 행정중심복합도시라는 명칭으로 세종시에 건설되었고, 공공기관 지방 이전은 10개 혁신도시 건설로 실현되었다.

인수위원회 보고가 마무리될 무렵 나를 포함한 정무2분과 인원들이 송별회식을 했는데, 담당 인수위원께서는 앞으로도 국가균형발전위원회가 발족될 텐데 많이 도와달라는 말씀을 하셨다. 나는 이 말씀을 당시 출범을 준비하고 있던 국가균형발전위원회로 파견되는 것으로 이해하고 있었고, 건설교통부의 핵심 임무 중 하나인 균형 발전은 내가 계속 담당해 오던 업무이므로 잘 해 나갈 자신도 있었었다. 그런데 다른 분야에 있던 인수위원 한 분이 나를 만나자고 하시더니 정부부처 조직이나 인사 문제에 대해 어떻게 생각하는지 이것저것 물어보셨다. 건설교통부에 근무하면서 조직이나 인사 업무를 담당해 보지 않은 터라 전문성도 없고, 그 분야에 큰 관심도 없다고 말씀드렸고 그 때문에 그냥 물어본 정도로 가볍게 생각했었다. 부처에 돌아와서 이런저런 정리를 하고 있는데, 전화가 왔다. 참여정부 출범일인 2월 25일 새벽 5시까지 청와대 55문 앞으로 출근하라는 통보였다.

나의 청와대 행정관 생활은 그렇게 엉겁결에 시작되었다. 나중에 알고 보니 청와대 내에 노무현 대통령의 관심사인 정부혁신을 전담할 비서실을 설치하게 되었는데, 대부분 조직이나 인사 분야 전문가들로 구성되었지만, 실행 가능성이나 부처 내 현실을 점검하기 위해 일선 부처에서 일하는 공무원을 한 명 포함하기로 하고 대상자를 찾고 있었던 것이었다. 면접을 볼 때 인사와 조직과 무관하게 그저 일만 하는 공무원으로 보였던 것이 선택된 이유일 수도 있었겠다.

그렇게 해서 참여정부가 출범하던 2003년 2월 25일부터 대통령비서실의 정책프로세스개선 비서실에 근무하게 되었다. 막상 청와대에 근무하게 되었지만, 실무 공무원인 나는 그 전까지 청와대에 한 번도 들어가 본 적이 없었다. 정부혁신 업무는 낯선 업무였고, 여기저기 눈치를 보면서 적응해 나갔다. 토요일도 없고 일요일도 없으며 새벽에 해뜨기 전에 출근해야 하는 것이 대통령비서실의 일과였다. 아침 일찍 열리는 비서관회의가 시작되기 전에 필요한 보고를 마치고 나면 아직도 출근시간 전이었는데, 이때 경호원들이 이용하는 작은 사우나 목욕탕에 들어가서 몸을 녹이는 것이 소소한 행복이었다. 일반 부처에 비해 사무실은 비좁았고 냉난방도 좋지 않았던 기억이 난다. 당시 담배를 피우던 시절이라 야근하던 날이면 옥상에 올라가 밤하늘의 별을 보며 연기를 내뿜었는데, 북악산 쪽으로 보이던 대통령 관저가 유난히 음습하게 느껴졌던 것이 인상에 남는다.

우리 비서실은 대통령비서실이 제대로 작동하도록 조직을 관리하는 것이 임무였는데, 이를 위해 성과에 대한 평가를 실시하고 평가 결과를 반영해 청와대 내부 조직을 수시로 개편하는 업무까지 담당했다. 그래서 민정비서관실과 더불어 많은 미움(?)을 받는 조직이기도 했다. 경영학과 교수 출신 비서관과 컨설팅회사 대표 출신 선임행정관 아래 나를 포함해 다섯명의 행정관이 있었는데, 항상 밤 12시가 넘은 시간에 다섯이 줄지어 퇴근하는 모습이 독특해 보였는지 '독수리 5

남매'라고 불리기도 했다. 그때 했던 많은 일 중 우리 비서실에서 삼성SDI 팀과 함께 e-지원이라는 대통령 업무지원 시스템을 만들었던 일이 특히 기억에 남고, 1년여 뒤부터 정부부처에도 혁신을 전파하기 위해 대통령 참석 행사를 여러 차례 진행하고, 부처 평가를 담당했던 일도 힘들지만 보람있었다.

노무현 대통령께서는 두 번이나 우리 비서실 사람들을 불러서 함께 식사를 해 주셨다. 한 번은 관저에서 저녁식사를 했는데, 음식이 맛있냐는 대통령님의 질문에 "너무 싱거워서 맛이 없습니다"라고 답했다. 건강을 생각해서 저염식 음식을 만들었기 때문이었을 텐데, 지금 생각하면 젊은 나이에 너무도 무례한 발언이었다. 대통령께서 와인도 직접 따라 주셨는데, 어떤 제품이었는지는 기억이 나지 않는다. 식사 중에 영광스럽게도 "대통령님 잔이 비셨습니다. 제가 한잔 올리겠습니다" 하고 와인을 따라 드렸던 기억도 난다. 그렇게 소탈하고 격식에 얽매이지 않는 좋은 분이셨다.

그 당시 많은 사람들이 궁금해하던 질문 중 하나가 "청와대에도 짜장면이 배달되나요?"였는데, 정답은 "Yes"였다. 야

근이 잦았던 우리 비서실 사람들은 자주 근처 분식점에서 배달을 시켜 먹곤 했다. 다만, 경계초소 안으로 일반인 출입이 허용되지 않기 때문에, 가위바위보를 해서 진 사람이 300m 정도 떨어진 초소까지 가서 1회용 용기에 담긴 배달음식을 직접 가져와서 먹어야 했다.

수도권 규제와
지역정책

청와대 행정관 생활을 1년 8개월간 하고 나서, 친정인 건설교통부로 복귀하게 되었다. 첫 번째 맡은 보직은 국토정책국 내의 지역정책과 과장이었다. 지역정책과는 개발촉진지구 개발, 특정지역 개발, 광역권 개발계획 수립, 제주국제자유도시 개발 등 지역 발전을 위한 사업과 정책을 담당하고 있었다. 이제 갓 40살이 된 초짜 관리자였고, 과원들은 50세 내외의 큰형님 뻘들이 많았기 때문에 지금 생각해 보면 조직을 제대로 운영한 것이 신기할 지경이다.

개발촉진지구 사업은 인구가 줄어드는 낙후지역을 개발촉

진지구로 지정해 1개 지구당 500억 원 이내의 국비를 지원하는 사업이었다. 충북 단양이나 전북 무주, 경남 함양 같은 작은 지자체의 공무원들이 우리 과를 많이 방문했는데, 국비를 최대한 확보해 지역의 활력을 되살리려는 지방공무원들의 열정이 뜨거웠다. 특정지역개발은 특정 지역에 국비를 집중 지원해 지역 발전을 촉진하는 정책으로, 내가 과장으로 재직할 당시에는 백제문화권 개발사업이 한창 진행 중이었고, 영산강 고대문화권 특정지역과 내포문화권 특정지역을 지정하는 보람도 맛볼 수 있었다. 충주-제천-단양을 포함하는 중부내륙 광역권 개발계획도 초기 단계에서 관여했는데, 매우 좋은 시도였음에도 불구하고 이후 기대한 만큼 성과를 거두지 못한 것 같아 아쉬움이 있다. 아산만권 개발계획이나 광양만진주권 개발계획, 제주국제자유도시 개발계획 등과 같이 큰 성과를 거둔 사례에 비교하면, 중부내륙 광역권은 시작이 늦었고 추진 동력도 크지 않았기 때문이라고 생각된다.

제주국제자유도시는 홍콩과 같은 규제로부터 자유로운 도시를 건설해 국가 성장의 동력으로 삼고자 건설교통부가 중점적으로 추진하던 사업이었다. 내국인이 입학 가능한 국제학교를 설치하고, 외국인 투자를 촉진하기 위해 각종 인허가의 획기적인 완화를 추진하고 있었다. 또한 제조업 기반이 전혀 없던 제주도에 공해가 없는 첨단산업을 유치하고자 제주첨단산업단지를 조성하고, 인터넷 기업인 "다음" 본사를 제주도로 이전하는 일도 그때 추진 되었다.

그렇게 건설교통부 주도로 국제자유도시가 추진되던 와중에 청와대와 당시 행정자치부는 또 다른 규제 완화 모델인 "제주특별자치도"를 추진하고 있었다. 정부부처 간에도 뺏고 뺏기는 영역싸움이 드물지 않게 발생한다. 행정자치부는 지자체 혁신 시범사업으로 제주도를 규제 완화와 획기적인 가버넌스 개선의 사례로 만들기 위한 추진단을 비밀리에 구성해 작업을 진행하고 있었는데, 어느 날 이 주제를 논의하기 위해 청와대 혁신수석비서관 주재로 차관급 회의를 개최한다는 통보가 왔다. 이 회의에서 범정부 차원에서 추진되는 핵심 정책임을 설명한 후, 청와대의 힘을 빌어 업무를 반강제로 이관해 갈 것이 예상되고 있었다. 건설교통부에서는 이런 부담스러운 회의에 차관, 실장, 국장이 모두 참석하지 않으려

했고, 결국 차관급 회의에 초보 과장인 내가 참석했다. 다른 부처는 차관 또는 1급 실장이 참석했는데, 4급 과장인 내가 뒷자리에 앉아 있으니, 청와대 L수석비서관께서 앞자리로 옮겨 앉으라고 했다. 잔뜩 주눅이 들 상황이었지만, 부처를 대표해 할 말은 해야 했다.

"왜 이런 중대한 국가적 정책을 비밀 작업 하듯이 하느냐?", "진작 건설교통부에 알려주고 함께 추진했으면 적극 협력했을 것이다", "행정자치부가 추진하는 특별자치도 설치에 적극 공감하지만, 개발업무와 이를 추진하는 JDC 공기업은 행정자치부로 넘기지 말고 건설교통부에 남겨달라." 새파랗게 젊은 과장급이 하는 당돌한 말이었고, 혼날 수도 있는 상황이었지만, 회의를 주재하는 청와대 L 수석비서관께서 예상과 다르게 나의 제안을 받아주셨다. 이후 돌아와서 건설교통부 장관님께 회의결과를 보고하고 추인을 받았다. 그렇게 해서 지금의 제주특별자치도 추진 체계가 결정되었는데, 과장급으로서는 드물게 정부의 정책 기조 결정에 직접 관여한 영광스러운 경험이었다.

　제주국제자유도시 업무를 담당하면서 잊을 수 없는 일은 "세계 평화의 섬" 지정이다. 제주도를 말 그대로 평화의 섬으로 지정하는 일이었는데, 실제 가장 중요한 내용은 4.3 사건에 대해 정부 차원의 재평가를 하는 것이었다. 얼핏 보기에 개발을 담당하는 건설교통부와는 동떨어진 일처럼 보일 수 있지만, 중앙부처 중 제주도 개발에 가장 많이 관여한 부처가 건설교통부였고, 내가 맡은 지역정책과가 소관하였기 때문에 어쩌다 보니 담당자가 되었다.

　수많은 제주도민의 가슴에 응어리로 남아 있던 4.3 사건은, 당시까지 폭동으로 규정되고 있었기에 유족들은 말 한마디 제대로 하지 못하는 상황이었다. 많은 관계자를 모시고 "세계 평화의 섬"을 지정하는 문서에 노무현 대통령께서 서명하는 행사가 청와대에서 열렸다. 그 지정문에 4.3의 비극을 화해와 상생으로 승화시키겠다는 취지의 문구를 포함했고, 이는 4.3특별법 제정 등으로 이어져 제주도민의 명예회복이 이루어지는 시발점이 되었다. 그에 대한 공로로 나는 제주도지사로부터 '명예 제주도민'으로 선정되는 명예를 얻었다.

　당시 행사에 제주도민 대표로 마라도 초등학교 6학년의 어린 여학생이 참석했다. 대기실에서 기다릴 때부터 너무 긴장한 모습이 보여, 조금이라도 편하게 해주려고 노력했었다. 그런데 서명 행사에서 노무현 대통령께서 어린 학생을 보시고, "대통령 할아버지 만남 김에 하고 싶은 얘기 있으면 해보라"로 사전 시나리오에 없던 말씀을 건네셨다. 어린 여학생은 예상하지 못한 질문에 너무도 놀란 나머지 말문이 탁 막혀서 한마디도 하지 못했고, 대통령은 미안했는지 자연스럽게 다른 대화로 넘어갔다. 나중에 행사가 끝나고 통인동 근처 식당에서 관계자들이 점심을 함께했는데, 그 어린이는 떠날 때까지 밥 한술도 물 한 모금도 들지 못한 채 아무 말도 하지 않았던 일이 기억난다. 얼마나 놀랐으면 그랬을까! 요즘 아이들이라면 이런저런 이야기를 잘도 했을텐데⋯. 그 학생의 뇌리에는 아마도 두고두고 '그때 왜 말을 제대로 못했을까' 하는 마음이 오래 남아 있을 것이다. 21년 전 일이니, 지금은 30대 중반이 되었을 순박했던 그 아이에게 "그건 정말 아무 일도 아니었고, 네가 잘못한 일이 아니라고" 위로의 말을 해주고 싶다.

지역정책과장 업무를 신나게 하고 있는데, 갑자기 발령이

나서 옆 부서인 수도권정책과장으로 보직 이동이 되었다. 당시 수도권 집값 불안이 심각해지고 있던 상황이라, 수도권정책과장을 맡고 있던 P과장이 「8.31 주거안정대책」을 만들기 위해 주택정책과장으로 옮기고 내가 대신 수도권정책과장으로 이동한 것이다. 수도권정책과는 우리나라의 수도권 규제를 담당하는 곳이다. 서울이 거대화되고 수도권 인구 집중이 심화되자, 1980년대 초반 정부는 수도권정비계획법과 공장배치법을 제정해서 수도권에는 공공기관과 대기업 공장 설립을 불허하고, 대학 정원을 동결하며, 대규모 개발사업은 수도권 심의를 받게 하는 등 수도권 규제정책을 시행했다. 이 중에 건설교통부 소관 규제를 시행하는 부서가 수도권정책과였다. 하지만 내가 수도권정책과를 담당하던 2005~2006년에는 이미 산업구조가 IT 위주로 전환되고 있었고, 세종시와 혁신도시 건설 등 지역균형발전 정책의 추진으로 어건 변화에 맞추어 제도를 손볼 필요성이 제기되는 상황이었다.

수도권정책을 담당하면서 있었던 일 중에서 중요한 하나는 LG필립스 공장의 파주 입지였다. 당시 LG는 LCD 등 디스플레이 시장의 세계 1등 기업으로, 경북 구미에 주력 공장을 운영하고 있었는데 2m 이상 크기의 7세대 LCD 생산은 구미가 아닌 수도권 지역에서 하겠다는 입장이었다. 당시 김문수 경기지사는 대기업 공장 입지를 제한하는 수도권 규제를 벗어나야 한다는 주장을 강하게 하고 있었고, 접경지역과 팔당호 주변 지역의 역차별 논란, 주한미군 기지 이전에 따른 공여지역의 발전 문제, 경제성장을 위한 외국인 투자 유치 필요성 등이 복잡하게 엮여서 청와대를 비롯한 정부에서는 이를 허용해야 한다는 기류가 형성되었다. 그 과정에서 업무를 담당하고 있는 LG필립스 담당자를 불러서 대화를 했었는데, 그는 "왜 생산 기반이 구비된 구미를 떠나서 파주로 가려 하느냐"의 질문에 "구미에서는 전문 인력을 구할 수 없습니다"라고 답을 했었다. "대구·경북 지역에 좋은 대학이 많이 있지 않느냐"라는 질문에 "그 지역 대학원 졸업생을 모두 취업시켜도 저희 기업 수요를 충당하지 못합니다"라는 답이 돌아왔다. 결국 LG 필립스는 수도권 규제를 뚫고 경기도 내 접경지역인 파주로 입지하게 되었지만, IT 중심의 산업구조 변화로 새로운 수도권 집중 문제가 나타나게 된 시작점이었다고 생각된다.

IT를 비롯한 첨단산업은 생산과 R&D가 통합되어 나아가는 구조인데, 수도권을 제외한 지역에서는 R&D를 담당할 석사급 이상의 고급 인재를 확보하기 어렵기 때문에 기업들은 수도권에만 입지하려 한다는 것이다. 삼성전자와 하이닉스의 대규모 반도체 공장 건설이 수도권 외곽인 용인에서 진행되고 있고, 지방이 이에 대해 반발하고 있는 지금의 상황이 2006년 당시의 데자뷰를 보는 듯하다. 사실 지금의 여건은 그 당시보다도 더 악화되고 있는 상황이다. 고급인재가 모이는 지역이 발전하게 되는 최근의 추세 속에서, 지방 도시가 발전하려면 문화, 교육, 의료 등 생활 여건을 개선하고 지역 소재 대학과의 연계를 통해 산·학·연 혁신클러스터를 정착시키는 데에 사활을 걸어야 할 것이다.

2005-2006 무렵 수도권 정책의 또 하나의 뜨거운 이슈는 팔당호 주변 지역의 환경규제 문제였다. 수도권 시민의 식수원인 팔당호의 수질을 보전하기 위해서, 수도권정비계획은 이 지역을 자연보전권역으로 지정하고 사실상 모든 개발행위를 강하게 규제하고 있었다. 이 지역 내에서는 6만㎡ 이상의 공장용지 조성을 허용하지 않기 때문에 대기업 공장이 들

어설 여지가 없었고, 이는 지역경제 침체로 이어졌다. 이에 더해서 환경부가 한강수계법을 제정해서 환경규제를 대폭 강화하고 오염총량제라는 일종의 개발물량 할당제를 시행하면서 광주, 양평, 여주, 가평, 남양주 등 경기도 동부 지역의 반발이 매우 컸다. 개발 압력이 높았던 경기도 광주시 오포읍에서는 오염총량제를 피해 아파트 인허가를 받으려던 J건설과 P건설회사가 관공서를 상대로 전방위 로비를 하다가 적발되는 바람에 경기도의 최고위급 간부와 해당 지자체 시장, 국회의원이 동시에 구속되는 이른바 "오포사태"가 발생했다. 이에 따라 국회와 청와대 등에서는 건설교통부에 재발 방지를 위한 제도 개선 방안을 강하게 요구하고 있었다.

담당 과장으로서 힘든 과정을 거쳐 수도권정비계획법 개정(안)을 마련해서 관계부처 협의를 시작했다. 당시 초안에는 자연보전권역 내에서도 꼭 필요한 경우 일부 지역에 한해 융통성 있게 규제를 적용할 수 있는 "정비발전지구" 지정 근거가 포함되어 있었다. 이 방안은 너무나 획일적인 규제로 인해 피해를 받는 팔당호 주변 지역에 대해 숨통을 틔워주는 균형이 잘 잡힌 방안이었지만, 마지막 단계에서 청와대 최고

위급 보좌진의 반대로 관철되지 못한 아쉬움이 있다. 당시 국무총리까지 문구 하나하나 보고가 된 상태였고, 건설교통부 장관께서 청와대의 반대에도 불구하고 원안대로 추진하겠다는 입장이었다. 다음 날 아침 L국무총리와 함께 입장정리를 하겠다고 하셨었는데, 하필 그날 눈이 오는 바람에 미팅이 무산되었고, 다시 약속을 잡기 전에 급하게 총리께서 사임하는 일이 발생하면서 추진 동력을 상실했었다. 건설교통부의 입장을 지지해 주시던 총리가 공백이 된 상태에서 청와대의 반대 입장을 막을 힘이 건설교통부에는 없었고, 정부(안)에서 정비발전지구 내용을 제외할 수밖에 없었다. 그날 눈이 오지 않았더라면, 지금쯤 수도권 동부 팔당호 주변 도시들의 모습이 크게 달라졌을지도 모른다. 모든 일에는 예기치 못한 우연이 작용하고, 이런 게 바로 운세인가보다 하는 아쉬움이 남는다.

수도권정책과장 재임 중에는 「3차 수도권 정비계획」 수립도 담당했다. 수도권정비계획은 향후 10년 동안의 수도권 규제의 기본 방향을 담은 법정계획인데, 2차 계획이 이미 종료된 상태임에도 수도권 규제 완화 요구와 이를 수호하려는 입장이 치열하게 맞서면서 4년 동안 이러지도 저러지도 못하는 상황이었다. 이미 많은 시일이 지체된 상태였으므로 양쪽 주장의 중간선을 설정해 계획 수립을 서둘러 마무리하고자 하였다. 일을 진행시키기 위해 공청회를 하고 언론 인터뷰도 했는데, 동아일보 1면에 관련 기사가 크게 났던 것으로 기억한다.

다음 날 아침 장관님 전화를 받았다. "김 과장, 무슨 발표를 했나? 대통령 전화를 받았는데 화가 많이 나셨던데…." 나중에 청와대 우리 부 담당 비서실을 통해 노무현 대통령의 말씀을 전해 들었는데, "수도권의 계획적 관리에 대해 K 경기지사에게 이슈를 선점당했는데, 청와대 보좌진은 제대로 인식도 하지 못하고 있고, 건설교통부는 반응이 지독하게 늦다…."라는 내용이었다. 담당 과장이 사고를 쳐서 장관께서 대통령의 질책을 받았으니, 이전 같으면 문책을 받고 좌천될 일이었는데, 크게 혼나지는 않았으니 나는 정말 좋은 분들을 상사로 모시고 일한 복 많은 사람이라고 생각된다. 대신 한 달쯤 뒤에 내가 모시던 L국장님과 둘이서 청와대에 불러 들어가서 대통령께 관련 수석들이 배석한 자리에서 「수도권의 계획적 관리방안」이라는 내용의 특별 보고를 했고, "이 제 조금 안심이 된다"라는 대통령님의 답을 얻은 끝에 「3차 수도권 정비계획」 수립을 마무리할 수 있었다. 오랫동안 진행 되지 못하던 어려운 묵은 과제를 해결하기는 했는데, 공무원 입장에서 보면 천국과 지옥을 오간 지극히 위험한 일이었다. 돌이켜보면, 용감하게 일을 불쑥 저지르고 나서는 결국 해결 하는 일이 공직생활 하는 동안 몇 번 더 있었는데, 그 버릇 이 이때부터 시작된 것 같다.

녹색성장위원회
파견

행정고시를 통해 5급으로 공무원 생활을 시작하면, 지방자치단체나 지방국토관리청과 같은 일선 기관에서는 과장 보직을 받고 관리자로 일하게 된다. 반면 나와 같이 중앙부처에서만 근무할 경우 약 15년간의 실무자 생활을 해야 한다. 내가 처음 사무관에 임용된 것이 1990년이었고, 보직 없이 직급만 승진하는 소위 앉은뱅이 서기관으로 승진한 것이 1999년 연말 인사였으므로, 사무관을 9년 8개월간 했다. 처음 전결권을 행사하는 보직인 지역정책과장이 된 것이 2004년 9월이므로 실무자 생활을 14년 5개월을 했는데, 중앙부처 기준으로는 평균보다 빠른 편이었다.

2010년 연말 무렵, 나는 부처 정책을 총괄하는 기획담당관을 3년째 맡고 있었다. 각종 회의를 준비하고 거의 매일 장관을 뵙고 보고를 드리며, 국회 대응을 총괄하는 고된 자리인지라 1년 정도 재임하고 나면 국장으로 승진시키거나 자리를 옮겨주는 것이 관례였던 것을 감안하면 꽤 오래 자리를 지킨 셈이었다. 당시 J장관님은 업무에 어느 정도 익숙해져 있던 나를 바꿀 생각이 전혀 없으셨고, 그건 승진도 어렵다는 뜻이 되었다. 이에 스트레스를 받다가 어느 날 장관님과 차관 두 분이 계신 자리에서 "왜 고생만 시키고 승진을 안 시켜 주시냐"고 대들어 버렸다. "어허 이놈 봐라" 하는 반응이 돌아왔지만, 그런 우여곡절 끝에 공무원 생활 19년 7개월이 되던 2010년 10월 말 고위공무원 나급, 즉 중앙부처 국장으로 승진해서 대통령 직속 녹색성장위원회로 파견을 나가게 되었다.

녹색성장위원회는 MB 정부 당시 중점적으로 추진하던 저탄소 녹색성장을 담당하던 대통령 직속 조직으로, 각 부처 정책을 이끌고 평가하기도 하는 영향력 있는 조직이었다. 나는 녹색성장위원회의 녹색생활국장으로 부임했는데, 건축물·

교통·일상생활 속에서의 에너지 절약 정책을 담당하는 자리였다. 국토해양부 출신인 내가 국장을 맡고 환경부에서 파견 나온 서기관과 외부 전문가인 박사, 정치권에서 오신 인사로 구성된 세 분의 과장과 함께 산림청, 에너지공단, LH공사, 수자원공사 등에서 파견 나온 인원과 외부에서 특채된 전문가들까지 연합군이 되어 일하고 있었다. 무엇보다도 그동안 일하던 과천청사를 떠나 종로1가에 있는 빌딩에서 일하는 즐거움이 있었다. 4대문 안 서울의 이곳저곳을 쉽게 오갈 수 있었고, 북악산과 청계천을 바라보면서 일할 수 있다는 점이 특히 마음에 들었다.

녹색성장위원회에 있으면서 건축물의 에너지 효율을 높이는 일을 중점적으로 추진했다. 건축물은 전체 에너지 소비량, 그리고 이로 인한 온실가스 배출의 약 30%를 차지하고 있었는데, 건물의 단열이 미비하여 밖으로 열기가 새어 나가는 낭비가 컸다. 이에 녹색건축법을 제정하고, 열관류율 개선을 비롯해서 에너지 소비 효율을 높이는 로드맵을 작성해서 매년 개선되어 나가도록 했다. 당시 선진국이던 독일에서 유행하던 것이 3L 하우스, 또는 제로에너지 하우스였다. 유럼에서는 워낙 단열성이 좋은 집이 지어지고 있었는데, 겨울 추위가 우리나라와 비슷한 중부유럽에서 3L의 기름으로 겨울을 날 수 있다고 해서 3L 하우스 또는 패시브 하우스라 불렸다. 더 나아가 태양광 등 그린에너지로 생산한 에너지를 더해서 화석연료가 전혀 없이 겨울을 나는 제로에너지 하우스라는 개념도 도입되고 있었다. 2010년 무렵 우리나라의 집들은 독일의 1980년대에 불과한 에너지 효율로 지어지고 있었기에, 이를 단기간 내에 선진국 수준으로 개선하고자 하였다. 이후 15년의 시간이 지난 지금은 창호와 단열자재를 비롯한 설비의 개선과 시공 기술의 향상으로 세계 어디와 비교해도 훌륭한 수준의 집이 지어지고 있어서 큰 보람을 느낀다.

말로만 듣던 제로에너지 하우스를 직접 실현해 보고 싶은 욕심에서 프로젝트를 하나 추진했었다. 건교부 장관님과 LH 사장을 설득해서 용인시 흥덕지구에 50필지 정도의 단독주택 부지를 확보했고, 여기에 우리나라 유수의 건설업체들이 1~2채 정도의 제로에너지 하우스를 건설해 서로의 기술력을 겨루고 대외에 홍보하는 선의의 경쟁을 유도하고자 했다. 자신있게 설명회를 개최하고 공모도 진행 했지만, 불과 5개 이내의 업체만이 응모하는 통에 보기 좋게 실패하고 말았다. 나중에 국토해양부로 복귀해 연구개발 업무를 관장하는 정책기획관을 맡게 되었을 때, 이 사업을 R&D 시범사업으로 다시 추진했다. 녹색성장위원회 시절 아직 상업적인 채산성이 없는 상태에서 추진하다가 실패한 점을 고려해서 연구개발 예산이 지원되는 사업으로 추진했는데, 180억 원 정도의 예산을 지원한 결과 성공적으로 완성된 것이 서울시 노원구에 위치한 115가구의 단독주택과 아파트로 구성된 제로에너지 주택 시범단지다. 이곳은 대통령을 비롯해 국내외의 많은 인사들이 방문했고, 우리나라의 녹색건축 분야 기술력을 자랑할 수 있는 훌륭한 시설이다.

이 프로젝트를 책임지고 완수해 주신 명지대학교의 L교수님과, 많은 도움을 주신 당시 노원구청장이자 현재 기후에너지부 장관이신 K청장님께 감사의 말씀을 드린다.

녹색성장위원회에 파견되었던 초기에 EU 상공회의소에서 조찬간담회를 제안해 왔다. 내가 우리나라의 녹색건축 정책

* 제로에너지 주택 시범단지

방향에 대해 주제발표를 하고, 참석한 EU 소속 기업인들이 질문하면 대답하는 행사였다. 부족한 영어 실력 때문에 망설이다가 마지못해 응했는데, 다행히 행사는 잘 마무리되었다. 당시만 해도 우리나라의 녹색성장은 아직 초기 단계였고, 유럽 기업인들은 의구심을 가지고 있었던 것 같다. 나는 답변하면서 우리나라의 녹색건축이 비록 아직 초기 단계이지만 에너지 효율 기준이 대폭 강화되면서 곧 혁신이 일어날 것이니 기대해 달라고 했었는데, 그런 전망이 실제로 이루어진 것 같아서 당시 정책을 입안했던 사람 중 한 명으로서 기쁘고 보람된 마음이다. 녹색성장위원회에서 2년 가까이 일했던 경험은 내가 인천국제공항 사장으로 일할 때 국내 공기업 중 최초로 RE100 선언을 하고 추진하는 바탕이 되었고, 앞으로도 기회가 주어진다면 저탄소 에너지 사회 실현을 위해 기여하고 싶다.

수서 고속철도와
GTX, EMU 고속열차

2012년 무렵, 나는 기획조정실장을 보좌하는 국장인 정책기획관으로 일하고 있었다. MB정부의 마지막 해를 보내던 당시, 국토해양부의 가장 큰 이슈는 MB정부 시절 통합되었던 해양수산부의 분리 독립 문제와 국토해양부가 과천을 떠나 세종으로 이전함에 따른 이사 준비와 실행, 그리고 철도 민영화 추진 여부였다.

당시 K장관님과 철도를 담당하던 K교통실장과 교통실장을 보좌하던 K철도정책관은 출범을 앞두고 있던 수서 고속철도를 민간이 운영하도록 하는 철도 민영화를 염두에 두고 있었다. 철도청 시절부터 시작된 국영철도는 시간이 지나면서 비효율적으로 운영된다는 비판이 이어졌고, 참여정부 시절 시설 건설은 국가철도공단, 철도 운영은 코레일이 담당하도록 철도 구조개혁이 시행된 상태였다. 이에 더해서 독점상태로 이루어지는 철도 운영에 경쟁체제를 도입하되 경쟁상대인 신규 운영사는 아예 민간회사로 하겠다는 아이디어였다. 이 정책은 이론상으로는 좋지만, 우리나라의 여건과 국민 정서상 실행되기 어려운 정책이었다고 생각된다. 교통실과 철도정책관을 중심으로 정책이 추진되고 있었지만, 다른 간부들은 무리한 정책이라며 걱정하던 상황이었는데, 우연히 여러 실·국장들이 모여 이 문제에 대해 난상토론이 벌어지게 되었다. 교통실을 제외한 나를 포함한 대부분의 실·국장들이 정권 말기에 추진하기에 무리한 정책이라는데 의견을 같이했고, 이런 뜻은 차관을 통해 장관님께 전달되었다. 그 때문인지 이 정책은 소강상태를 맞으면서 새로운 정부가 출범하게 되었다.

새 정부가 출범하고 나서 첫 인사가 있었는데, S장관님과 Y차관님은 나를 철도국장으로 발탁했다. 이전에는 교통실장이 업무의 일부로 철도정책을 책임지고 국장급인 철도정책관이 이를 보좌하는 체제였는데, 신설된 철도국장은 차관께 직접 보고하면서 철도정책에 대한 전권을 가지는 자리였다. 가장 우선적인 현안은 수서 고속철도 문제의 방향을 잡는 것이었는데, 그보다도 먼저 코레일과의 관계 회복을 하는 것이 중요했다. 전 정부에서 철도 민영화를 추진하면서 이를 지지하는 국가철도공단과 반대하는 코레일 간의 감정이 악화된 것은 물론, 상급기관인 국토부 철도국의 직원들과 산하 기관인 코레일의 직원들 간 대화도 단절된 상태였다. 가장 먼저 코레일과 국토부 철도국의 1박2일 합동 워크숍을 개최해서 진솔한 대화를 할 수 있는 여건부터 만들었다. 여러 전문가가 참석하는 철도산업심의위원회를 구성해서 선진국의 사례를 참고하여 다양한 대안을 검토하였고, 그렇게 해서 내린 결론은 장기적으로 독일식 지주회사 체제를 지향하되, 단기적으로 수서고속철도에 공기업의 자회사 형태로 별도의 면허를 부여해 운영하는 것이었다.

철도 노조가 결사 반대하면서 장기간 파업을 벌이고, 철도 경쟁체제 도입이 사회적 이슈가 되어 많은 논쟁이 이루어졌지만, 결국 정부 방안대로 면허가 부여되고 SRT를 운영하는 ㈜SR이 설립되어 현재까지 운영되고 있다. 일반 시민의 입장에서는 KTX만 운행하던 고속철로에 SRT라는 다른 열차도 운행됨에 따라 서로 간 비교가 가능하고 선의의 서비스 경쟁이 일어나는 긍정적인 효과를 느끼고 있다고 생각한다. 다만 철도 운영자의 입장에서는 차량과 선로 이용의 비효율성 등으로 통합의 필요성도 꾸준히 제기되어 왔다. 10년 정도의 시간이 흐른 지금, 장단점을 균형 있게 검토해 향후 정책 방향이 합리적으로 결정되면 좋겠다는 생각이다.

철도 경쟁체제 도입을 추진하면서 여러 방송에 출연하게 되었다. CBS 김현정 앵커와의 생방송 라디오 대담도 몇 차례 있었고, YTN과 채널A 생방송 대담에도 출연했다. JTBC에서는 손석희 아나운서와 생방송 전화 인터뷰 2회, 방송 출연 1회를 했는데, 미리 알려준 질문과 전혀 다른 내용을 기습적으로 물어오는 바람에 당황했던 기억이 있다. 덕분에 방송에 대한 울렁증은 거의 사라지게 되었는데, 앞으로도 출연자를 당황하게 만드는 방식의 불친절한 방송은 조금 지양하는 것이 좋겠다.

철도를 담당하면서 또 하나의 기억은 GTX 추진이다. 2006년경 수도권 정책을 담당할 때 수도권 광역교통도 검토했었다. 지상 전철을 건설할 경우 민원도 많고 보상비용도 많이 들기에, 50~100㎞의 원거리에서 지하로만 서울 도심에 직결되는 선로를 건설하고 고속열차를 투입해서 운영하는 방안을 구상했다. 이에 대해 검토할 것을 한국토지공사 기획실에 의뢰해서, 비용적인 측면에서 타당성이 충분하다는 보고를 받았었다. 이를 검토했던 토지공사 산하 연구소장이 경기개발연구원에 있는 지인에게 얘기했고, 경기개발연구원 박사가 당시 K경기지사에게 이 아이디어를 전달해서 돌고 돌아 나온 것이 GTX의 숨은 내력이다. K지사는 경기도와 서울을 고속으로 연결하는 GTX망을 구축할 것을 대선공약으로 삼아 국토교통부에 건의했고, 국토교통부 철도국은 GTX-A, GTX-B, GTX-C 3개 노선에 대한 예비타당성 조사를 기획재정부에 요청해 놓은 상태였다.

어려운 문제는 미루는 것이 공무원이나 공공기관의 생리다. 내가 철도국장에 취임했던 때는 KDI가 국토부가 요청한 GTX 3개 노선에 대한 결론을 차일피일 미루면서 4년여를 끌

어오던 시점이었다. 그런데 예비타당성 조사를 담당하던 기획재정부의 K국장에게서 전화가 왔다. K국장은 대학 선배로, 훗날 장관과 부총리를 역임하신 분인데, GTX 문제를 함께 매듭짓자는 제안을 했다. 논의한 결과, 3개 사업을 동시에 추진하기는 무리이므로 A노선을 우선 추진하고 B, C는 추후 검토하도록 미루자는 데 의견을 모았다. 청와대는 기재부가 여당은 국토교통부가 각각 보고해서 설득하는 것으로 합의를 보았다.

기획재정부와 발표 날짜를 잡아놓고, 그 전날 당시 여당인 새누리당에 보고하러 갔다. 당시 여당인 새누리당의 대표는 인천 출신 H의원이고, 원내대표는 TK 출신의 C의원이었다. 내가 H의원께 설명하고, 새누리당 수석전문위원인 L수석이 C의원께 보고했는데, GTX-B가 탈락한 인천 출신의 H의원은 의외로 쉽게 동의하신 반면, C의원은 인천과 경기 남부 등 탈락 지역의 여론에 영향을 미친다며 반대 입장을 표명하셨다. 발표가 무산되는 찰나였는데, 마침 중요 발표가 있을 거라는 걸 눈치챈 조선일보의 C기자가 다음날 조간에 기사를 내는 일이 벌어졌고, 경위를 파악한 K경기지사가 C원내대표에게 왜 반대를 하냐며 강력하게 항의하는 바람에 유야무야 정부 부처 간 합의한 대로 GTX-A만 우선 추진하는 방안이 확정되었다.

이렇게 우여곡절을 겪은 GTX는 현재 A노선이 부분 준공되어 운영 중이며, B와 C 노선도 예비타당성 조사를 거쳐 본격적으로 추진되고 있다. 여기에 더해 GTX-D, GTX-E, GTX-F 노선도 논의되고, 충청권에서도 CTX 노선이 추진되는 등 전국이 광역급행철도(GTX) 열풍에 쌓여있다. 중부권에 위치한 충주는 현재 이런 논쟁에서 소외되어 있는데, 광역급행철도가 연결되면 명실공히 수도권 도시의 일부가 되어 향후 발전할 기반을 마련할 수 있는 점을 감안할 때 충주시 당국과 지역사회의 적극적인 대응이 절실히 요구된다.

마지막으로 철도국장으로 재직하면서 자랑스럽게 생각하는 것이 EMU 고속열차의 도입이다. 우리나라는 고속철도 개통시 프랑스로부터 TGV 열차를 도입하였고, 이후 전수받은 기술을 바탕으로 독자 기술로 KTX-산천 열차를 개발해서 운영 중이다. 그런데 TGV 기술로 만든 KTX와 후속 모델인

KTX-산천은 모두 동력차가 제일 앞과 뒤에 있는 동력집중형이다. EMU는 이와 달리 모든 객차에 동력원이 붙어 있는 동력분산형 열차인데, 전 세계 고속철도 시장의 약 70% 정도를 차지하고 있다. 2014년까지 우리나라는 동력집중형 고속열차에 대한 기술만 보유하고 있었고, 동력분산형은 연구개발 단계에 머무르고 있었다. 세계시장 진출을 위해서도 그렇고 앞으로 있을 GTX 등을 위해서도 동력분산형 열차 개발이 필요하다고 판단해 코레일과 로템에 이를 요청했지만, 기개발된 KTX-산천을 투입하면 충분하다는 답변이 돌아왔다. 이는 열차 운영 및 정비는 코레일, 열차 생산은 로템으로 독점구조가 형성되어 있어서 나타나는 무사안일 행태라고 생각되었다. 안되겠다 싶어서 앞으로 정부가 열차 수급에 대한 장기계획을 수립할 것인데, 이 계획에 따른 열차를 국내업체가 공급하지 못할 경우 해외 입찰을 통해 조달하겠다고 압박했더니, 과연 로템에서 EMU 고속열차 개발에 착수하겠다는 뜻을 전하고 기념식까지 개최했다. 그렇게 해서 현재 다니고 있는 열차가 충주에도 운행되고 있는 250㎞급 KTX-이음 열차다. 동력집중형은 10량 또는 20량으로 고정되어 운행되는 반면, 동력분산형은 수요에 맞게 3량, 4량, 7량 등으로 탄력적으로 운영할 수 있어서 편리한 점이 많고 해외시장 진출에도 유리하다. 향후 350㎞급 열차도 개발될 예정인데, 동력분산형 고속열차가 우리 철도를 발전시키는 기폭제가 되면 좋겠다.

청와대 비서관
시절

　　○○국장과 같은 타이틀이 붙은 자리는 ○○정책관 같이 실장을 보좌하는 자리보다 권한이 크고, 실장 진급을 앞둔 고참이 가는 자리로 여겨진다. 조진조퇴라는 말이 있듯이 빨리 승진한 사람은 빨리 물러나게 된다는 것이 공직사회의 불문율 비슷한 것이었다. 그래서 내가 2013년 국장 3년 차에 철도국장을 맡았을 때부터 다소 이르다는 인상이 짙었다. 속도 조절을 해야겠다고 생각하면서도 2014년 상반기에는 철도 경쟁체제 관련 일이 완전히 마무리되지 않아서 아직 그 자리에 머무르고 있었다.

그 무렵 청와대 국토교통비서관이 우리 부의 제1차관으로 오시고 비서관 자리가 공석이 되었다. 보통 차관 진급을 바로 앞둔 고참이 가는 자리였기에 나는 전혀 신경쓰지 않고 있었는데, 갑자기 청와대 인사비서실에서 인사검증 서류를 내라는 연락을 받았다. 아마도 복수 후보를 검토하는 모양새를 내기 위해 들러리를 서는가보다 하고 가볍게 생각하면서도, 이를 장관님께 보고드렸다. 장관님은 "김 국장은 아직 철도 일을 더 해야지" 하시면서, "담당 수석에게 확인했는데, 김 국장을 청와대로 부를 계획은 없다"고 말씀해 주셨다. 그런데 뜻밖에도 2014년 4월 15일부터 청와대 국토교통비서관실로 출근하라는 통보를 급하게 받았다. 2003년 행정관으로 갈 때에 이어서 전혀 예상하지 않았고 기대하지도 않았던 청와대 생활을 엉겁결에 다시 하게 되었다. 담당 수석비서관께 인사를 드렸더니, "너를 부른 일이 없는데 어면 경위로 왔냐"고 오히려 되물으셨다. 철도국장을 하면서 TV와 라디오에 여러 차례 출연했었는데 그 모습을 보고 누군가 Pick을 했을 거라고 짐작은 하는데, 아직도 자세한 내역을 모르고 있다.

그렇게 청와대에 첫 출근을 했는데, 바로 다음날인 4월 16

일 비극적인 세월호 침몰 사고가 발생했고, 나의 두 번째 청와대 생활은 여러모로 긴장과 부담 속에서 시작되었다. 모두가 긴장된 상태에서 일했고 청와대뿐 아니고 일선의 부처들도 비슷했던 것 같다. 국토교통부에서는 고속도로를 오가는 광역버스의 입석을 일시에 금지한 적도 있었다. 버스를 타지 못한 경기도나 인천의 직장인들이 대거 결근하는 사태가 발생했고, 담당 비서관인 나는 박근혜 대통령께 혼나면서 그 유명한 눈으로 쏘는 레이저에 기가 완전히 죽었던 기억도 난다. 사실 준비가 부족한 미숙한 정책이라 협의 과정에서 시행하지 못하게 몇 번을 말렸었는데, 국토부가 그러다 고속도로에서 사망 사고라도 나면 누가 책임질 거냐고 우기면서 강행했었던 일이었다. 그렇게 비상 상황이 되면 누구나 침착함을 유지하기가 어렵다. 광역버스의 입석 금지가 완전히 정착된 지금에서 보면 모든 개선이 이루어지는 데에는 반드시 우여곡절이 있기 마련인가 보다.

청와대 비서관으로 근무하면서 기억에 남는 일 중 하나는 수자원공사를 도와준 일이다. 지금은 환경부로 이관되었지만, 당시는 수자원공사가 국토교통부 산하에 있었고, 아주

깔끔하게 일하는 조직으로 기억에 남아 있다. MB정부 때 4대강 사업을 추진하면서, 뜬금없이 16조 원 규모의 공사를 수자원공사가 대가 없이 자체 부담하도록 하였다. 그 결과 우량기업이던 수자원공사의 부채 비율이 단기간에 100% 이상으로 치솟는 등 억울한 점이 많았다. 정부가 공기업을 지원할 수 있는 다양한 수단을 동원해 절반인 8조 원 정도를 경감할 수 있도록 조정했다. 기획재정부 장관과 국토교통부 장관이 비공식 협약을 맺고, 담당 비서관인 내가 공증인으로 배석했던 일이 기억난다.

처음 청와대 근무할 때 나는 노무현 대통령을 존경하는 열렬 지지자였다. 두 번째 청와대 근무할 때는 내가 투표하지 않은 분을 모시는 일이 감정적으로 쉽지 않았다. 발령받은 대로 가서 일해야 하는 것이 공무원의 운명이지만, 마음이 내키지는 않았다. 그래서인지 1년을 채우지 못하고 허리디스크가 발생해 수술을 받게 되었다. 건강을 이유로 부처로 복귀하게 되었는데, 스스로 원해서 1급인 국토교통비서관에서 2급인 건설정책국장으로 한 등급을 내려왔다. 자발적으로 강등을 선택한 사례는 매우 드문 편인데, 지금도 공무원들

사이에서 나의 사례가 전설처럼 회자되고 있다고 한다. 50살이 되기 전에 일약 차관 승진 1순위라는 청와대 비서관에 초고속으로 발탁된 탓에 주변 다른 비서관들이 나보다 6~7년 정도 고참이었다. 그분들은 모두 박근혜 정부 시절 장·차관까지 올랐지만, 나는 6년 뒤에 문재인 정부의 차관으로 일하고 퇴임했으니, 돌이켜보면 그때 강등이라는 용단을 잘 내린 것 같다.

건설경제
활성화

처음 공직생활을 건설경제국의 사무관으로 시작했었다. 초임 시절 건설경기의 과열과 건자재 파동을 해결하느라 고생했던 기억이 아직도 선한데, 2015년에 그 건설정책국의 국장으로 부임하게 되었다. 내가 건설정책국장으로 부임하던 무렵은 글로벌 금융위기의 여파로 건설경기 침체로 고통받는 1990년대 초반과는 정반대의 상황이 전개되고 있었다. 국내 건설경기의 침체와 더불어 해외 건설공사에서의 어려움도 무척 컸다. 2000년대 초반 무렵부터 우리나라의 대형 건설업체들은 플랜트 부문을 중심으로 해외 건설에 적극적으로 진출했다. 그 결과 1970~80년대에 이어 제2의 해외건설

붐이라고 할 정도로 해외에서 많은 매출을 올리고 있었는데, 결론적으로는 이것이 큰 독이 되어 돌아왔다. 충분한 경험이 없는 플랜트 분야에 저가로 진출한 결과 당초 예상보다 공사비가 급증하는 일이 빈번했고, 해외 발주처에 이런저런 명목으로 클레임이 걸려서 공사대금을 받지 못하는 경우가 속출했다. 그 결과 대형 건설업체마다 수조 원씩의 적자가 발생하는 일이 벌어졌다.

건설업뿐만 아니라 조선, 해운, 석유화학 등 우리나라의 주력 산업 분야가 큰 위기를 맞고 있을 때이고, 한진해운의 경우 기업이 붕괴되는 사태를 겪기도 했다. 그 무렵 금융위원회는 위기 업종 6개를 선정해 금융 리스크가 없는지 점검회의를 주기적으로 개최하고 있었고, 건설 분야 점검회의에는 건설 분야의 주무국장인 내가 참석하고 있었다. 나는 회의에 참석해서 해운 등 다른 분야와는 달리 건설은 큰 문제가 없다는 입장을 견지했다. "겨울에 여름 옷을 입고 있다"고 당시 C 경제부총리가 표현했듯이 건설·부동산 분야에 대한 과도한 규제를 풀어주는 정책을 정부가 추진하고 있었기 때문이었다. 건설경기 부양정책에 힘입어 2016년경부터 아파트 건설 붐이 나타나고, 건설업체들은 그 전에 입었던 수조 원의 부채들을 단기간에 해소할 수 있었다. 글로벌 금융위기로 인한 경제의 어려움을 극복하는 과정에서 건설정책은 적절한 방향을 잡았고, 그 결과 위기 극복에 기여했다고 생각한다. 다만 이후에 부동산 정책을 전환하는 시점을 놓쳐서 2021~2022년경에는 아파트 가격 급등이 나타났고, 결국 정권 교체의 한 요인으로 작용한 점은 매우 아쉬움이 남는다.

또 하나 건설업계의 현안 중 하나는 소규모 복합공사의 규모 확대에 관한 것이었다. 처음 국장으로 부임했을 때 전임자로부터 건설업계 간에 조그만 갈등이 있다는 말을 전해 들었었다. 나중에 자세히 들여다보니 전형적인 업역 갈등 즉 '밥그릇 문제'에 대한 것으로 여간 심각한 것이 아니었다. 건설공사는 여러 공종의 공사들로 구성되어 있는데 이런 복합공사는 일반(종합)건설업체들이 맡고, 공종별 공사는 전문(단종)건설업체에 하도급을 주는 형태로 추진되고 있다. 다만 하나의 공종으로만 구성된 공사는 전문건설업체도 발주자로부터 직접 발주를 받을 수 있다. 소규모 복합공사는 복합공사라 하더라도 일정 금액 이하의 작은 공사일 경우 전문건설업체도 직접 수주 받을 수 있게 허용하는 제도다. 전임 국장 재임 시절에 이 범위를 대폭 확대하려다가 일반 건설업체들의 반발을 불러오게 된 것이었다. 그 당시 정부과천청사 앞마당은 여러 단체의 극력시위가 빈번하던 곳이었는데 제일 단골 손님은 의사와 약사 간 업역 갈등, 의사와 한의사 간 업역 갈등 등 보건복지부 소관 사안이 많았다. 그런 밥그릇 지키기 위한 시위 장소에 내가 건설정책국장을 맡은 지 한 달 만에, 유사이래 처음으로 대한건설협회와 소속 업체들이 마이크를 들고 시위하는 사태가 벌어졌다. 부랴부랴 대책반을 구성하고 일반건설업체들의 단체인 대한건설협회와 전문건설업체 단체인 대한전문건설협회 등과의 대화에 나섰다. 몇 달 정도 밀고 당기기가 이루어지고, 서로가 지쳐갈 무렵 내가 적정한 타협안을 제시하면서, 정부는 이 정도로 가겠다는 입장이라고 통보했는데, 서로의 싸움에 지친 양측에서 큰 잡음 없이 이를 받아들였다. 업역 갈등과 같은 정답이 없는 문제는 타이밍과 절차, 그리고 명분이 중요하다. 성급하게 갈등을 해소하려 하기보다 공정하게 처리하려고 고심하는 모습을 보이는 것이 중요하고, 서로에게 물러설 수 있는 명분을 마련해 주어야 한다. 처음에는 너무나 심각해 보이던 갈

등이 나중에 흐지부지 해결되자, 당시 모시던 Y장관님이 이
임 후에 "국토부에 가면 아주 심각한 문제를 아무렇지도 않
게 해결하는 국장이 하나 있다"라고 어느 분에게 얘기하셨다
는 사실을 전해 듣게 되었다.

담합으로 인한 입찰 제한 문제를 해결한 것도 기억에 남는
다. 당시 현대건설을 비롯한 대형 건설업체들이 공정거래위
원회에 담합 행위로 적발되어 공공공사의 입찰이 제한되는
상황이었다. 담합 행위는 매우 잘못된 것이지만, 건설산업
전반을 책임져야 하는 건설정책국장의 입장에서 대부분의
대형 건설업체들이 공공공사에 참여하지 못하게 된 것은 큰
위기가 아닐 수 없었다. 또한 국내에서 입찰 제한이라는 징
계를 받을 경우 해외 건설에서의 입찰에도 지장이 발생할 우
려가 컸다. 6월 18일은 '건설의 날'로, 주로 국무총리가 참석
하는 기념식을 열었다. 2015년 건설의 날에는 대통령을 모시
기로 하고 청와대에 건의한 끝에 서울시 논현동 건설회관에
서 박근혜 대통령을 모시고 성대하게 행사를 진행했다. 행사
전에 건설단체장과 주요 인사들을 모시고 스탠딩 다과회를
열었는데, 참석했던 건설업체 경영자 출신인 P국회의원이 담

합으로 인한 입찰 참가 제한으로 건설업체들이 어려움을 겪고 있다는 점을 언급했다.

대통령께 상황이 전달된 것을 계기로 건설업계에 대한 사면을 추진하게 되었다. 법무부와 청와대를 오가며 입찰 참가 제한을 벗어나기 위한 사면을 논의하게 되었는데, 건설업계에게 일방적인 수혜를 베푸는 만큼 이에 상응하는 모습을 보여야 한다는 주장이 제기되었다. 나의 아이디어로 건설업계가 스스로 2,000억 원 정도의 기금을 조성해 사회공헌 사업을 추진하겠다는 약속을 하기에 이르렀고, 8.15 광복절을 계기로 입찰 제한을 풀기 위한 건설업계에 대한 사면도 이루어졌다. 나중에 약속된 2,000억 원을 조성하는 과정에서 문제가 발생했는데, 범 현대그룹 계열사 등 대부분의 업체들이 협조한 반면 삼성물산과 GS 등 일부 건설사들이 기금 출연에 반대하고 나서서 난항을 겪었다. 나중에 최순실 게이트가 터지고 나서야 삼성그룹 등이 미르재단, K스포츠 재단 등에 연루된 사실을 알게 되었고, 그들이 그렇게 소극적이었던 이유가 그 때문이었구나 하고 이해하게 되었다.

　건설정책국장은 해외건설 업무도 관장하고 있었는데, 당시 장·차관님을 모시고 해외건설 지원 출장도 자주 다녔다. 명분은 해외건설 수주를 지원하는 것이었지만, 실상은 공사대금을 제대로 받지 못하는 건설업체들을 도와주기 위한 성격이 컸다. 해외공사를 하는 건설업체들은 타국의 발주처에 대해 한없이 약한 입장일 수밖에 없다. 이런저런 핑계를 대면서 대금을 주지 않으면 건설업체는 큰 어려움에 직면한다. 우리 정부의 장관이나 차관급 인사가 해외발주처의 장을 만나서 원만한 해결을 요청하면 상당히 도움이 되는 경우가 많았다. 엄혹한 국제 비즈니스에서 국력의 중요성을 실감하게 되는 계기였다.

새만금
개발

새만금 사업의 '만금'은 만경평야와 김제평야의 앞글자를 따서 지은 이름으로, 그만큼 넓은 평야를 새로 만드는 프로젝트라는 뜻이다. 다른 지역 사람들에게는 그저 한 번쯤 들어본 정도의 말이겠지만, 전라북도 도민들에게는 온갖 희망과 좌절이 함께 녹아있는 대상이다.

새만금 사업은 농지 조성을 목표로 1991년부터 1998년까지 군산에서 부안에 이르는 바다에 33㎞의 방조제를 쌓아 거대한 부지를 조성한 사업이다. 처음에는 쌀이 부족하고 귀하던 시절이었기에 농지 조성 위주로 개발되었지만, 이후에는 공장과 주거 등 도시용지를 포함한 복합용지로 개발되고 있다. 새만금 사업을 담당하는 소관 부처도 변동이 많았는데, 처음에는 농식품부와 산하의 농어촌공사가 추진하다가, 복합용지 개발로 전환되면서 국무총리실이 전담 부서를 두고 관장했고, 이후에는 새만금 사업을 전담할 국토교통부 산하의 차관급 조직인 새만금개발청으로 확대·개편되었다. 나는 2017년 3월부터 국토교통부의 국토정책관으로 일하고 있었는데, 새만금개발 업무도 국토정책관이 맡은 업무 중 하나였다. 그리고 문재인 정부가 출범한 이후 2017년 9월에는 1급 공무원으로 승진해 새만금개발청의 차장으로 근무하게 되었다.

단군 이래 최대의 국책사업이라는 새만금 사업을 바라보는 시각은 사람에 따라 제각각이다. 우선 비용과 편익을 중시하는 입장에서는 이 사업을 실패한 사업이자 '밑 빠진 독에 물 붓기'로 본다. 실제로 농지 조성을 위해 천문학적 비용을 들여 방조제를 만들었지만 농업 생산은 미미한 수준에 그치고 있고, 도시적 용도로 활용하기에도 수요 부족으로 수익성이 낮은 것이 현실이었다. 반면 새만금 사업을 위해 넓은 바다를 희생한 전북 지역의 입장에서는 지역 발전에 무언가 획기적인 돌파구를 제공할 수 있는 사업으로 기대하고 있었다. 이러한 가운데 총리실 주도로 마련한 새만금에 대한 기본 정책 방향은 국제업무의 중심지로 새만금을 육성하는 비전을 제시하고 있었기에, 새만금은 현실과 이상 사이의 괴리가 매우 큰 어려운 상황에 놓여 있었다.

그 무렵 전임자들의 노력으로 농지로만 조성되던 새만금 일부를 도시용지로 활용하기 위해 새만금 남북 횡단도로와 새만금-전주 고속도로 등 접근 교통망 공사가 진행되고 있었고, 새만금 산업단지는 일부가 준공되어 가동되고 있었다, 하지만 국제업무용지로 사용하겠다는 부지는 아직 물 속에 있는 상태로 계획만 있지 진척은 없는 상황이었다. 이에 전북도민들은 공공부문이 국제업무단지를 조성할 땅부터 조성하라는 요구가 강하게 제기되고 있었다. 이에 대해 총리실은 LH공사로 하여금 선도 구간의 매립공사를 수행하도록 하는 방안을 검토하고 있었지만, 나는 이에 반대하고 새만금 사업만을 전담할 별도의 공사를 신설해야 한다고 주장했다.

새만금 사업이 진척되지 않은 가장 큰 원인 중 하나는 방조제 소유권을 가진 농림부와 농어촌공사가 내부 개발을 추진하는 사업자에게 방조제 비용을 부과할 권리를 주장했기 때문이었다. 시화방조제 등 다른 사례에서도 유사하게 처리되고 있었지만, 이로 인해 의사결정권이 국토부와 농림부로 이원화되는 문제와 함께 사업 수익성도 크게 악화시키는 요인으로 작용하고 있었다. 국토부 국토정책관 시절, 이 문제를 해결하기 위해 농림부의 담당국장인 K국장을 찾아가서 담판을 지었다. 20년 동안 농림부에서 방조제 분담금을 부과하지 않는 대신, 그 권리를 출자의 형태로 투자해 달라는 다소 대담한 요구에 K국장이 흔쾌히 수용하면서 실무자간 합의가 성립되었다. 이에 더해서 매립사업에 시드머니로 필요할 것으로 추산되는 예산 4,000억 원은 기획재정부가 국비로 출자해 달라고 요구했다.

중앙정부에서 일해 본 사람들은 알겠지만, 사전 계획에 없는 4,000억 원 정도의 예산을 확보하는 것은 보통 힘든 일이 아니다. 새만금개발청 차장 시절 당시 L국무총리를 직접 찾아가 보고를 드리고 왜 별도의 공사를 설립해야 하는지 설득하고 필요 예산을 확보해 달라고 요청했다. 그 내용을 총리께서 대통령께 먼저 보고를 드리게 되니 기세 높은 예산당국이 한방 먹은 꼴이 되었다. 이어서 열린 관계부처 1급 회의에서 재정경제부의 재정관리관은 4,000억 원에 대한 예비타당성 조사를 실시하는 조건으로 한발 물러섰다.

필요한 예산이 확보되고 농림부와의 개발권 문제도 일단락 되었지만, 별도의 공기업인 새만금개발공사를 신설하는 것은 국회를 통과해야 하기에 또 다른 난관이었다. 새만금사업법 개정안을 국회에 상정하고 이를 통과시키기 위해 정신없이 뛰어다녔다. 전라북도 출신 의원들의 도움을 받으면서 타 지역 출신 법사위 국회의원들을 일일이 방문하면서 설득했다. 당시 업무파트너였던 국토부 선배인 C전북도 정무부지사께서 특히 많은 노력을 함께해 주셨는데, 의원실을 다니면서 받았던 모욕과 낭패감에 대해 아직도 죄송한 마음이 남아 있다. 그럼에도 불구하고 새만금사업법은 여러 난관을 극복하고 통과되었고, 지금은 신규 출범한 새만금개발공사에 의해 매립사업 1단계 공사가 준공된 상태다.

또 하나 새만금 사업을 담당할 때 했던 일은 새만금을 신재생 에너지의 중심지로 조성하는 것이었다. 새만금과 같은 방대한 땅에 농사를 짓는 것보다 전기를 생산하는 것이 더 수익성이 높다고 생각했다. 전북도민들은 국제업무의 중심지로 부상하는 것 같은 높은 기대를 하고 있었기에 신재생에너지 중심 개발에 대해 부정적인 의견을 가지고 있었지만, 사실 그린에너지가 확보된 곳에 다른 관련된 투자를 끼워팔기 식으로 유치하는 것이 낙후된 지역을 발전시키는 데에는 실현가능성이 높은 유력한 발전 방안이다. 대학원 동기였던 당시 청와대 산업비서관을 찾아가서 새만금에 기가와트(GW)급 수상 태양광 단지를 조성하겠다는 정책을 설명하고 협조를 요청했다. 이후 새만금개발청을 떠나 국토교통부로 복귀하는 바람에 수상 태양광 단지가 완성되는 모습은 보지 못했지만, 앞으로 그린에너지는 전북지역 발전의 밑바탕이 될 것으로 믿어 의심치 않는다. 당시 개인적인 연고는 없었지만 전북지역과 새만금의 발전을 위해 최선을 다했고 많은 성과도 얻었다. 이제는 그때의 열정과 노하우를 고향인 충주발전을 위해 쓸 수 있는 기회가 있기를 바란다.

버스 대란과 택시,
BMW 화재,
광역교통위원회

　새만금개발청 차장으로 한참 신나게 일하던 중에 국토교통부 장관님의 호출을 받게 되었다. 새만금 관련 현안에 대해 보고할 것을 준비하고 장관실로 들어갔는데, 의외로 교통 관련 말씀을 하시면서 도와달라고 하셨다. 새만금 업무만 생각하느라 잠시 잊고 있었지만, 당시 주 52시간 근무제 도입을 앞두고 여러 분야에서 대응책을 준비하고 있는 시점이었다. 특히 버스업계에서는 주 52시간 근무제가 도입되면 교통대란이 발생할 것이라며 우려하는 상황이었다. 나는 이전까지 교통정책을 많이 담당하지 않은 터라 경험이 많지 않다고 말씀드렸는데, 장관님께서는 철도국장을 맡았던 때와 같이

열심히 해보라고 격려해 주셨다. 그렇게 교통정책실장 임무
가 시작되었다.

　실장 부임 후 현황을 점검해 보니 보통 심각한 상황이 아
니었다. 시내버스와 직행버스, 고속버스를 막론하고 격일제
근무가 일상화되어 있었고 근무일에는 새벽부터 밤까지 운
전하는 일이 다반사였다. 시내버스 기사들은 1주일에 평균
60시간을 훨씬 넘게 일하고 있었는데, 이를 52시간으로 줄
이면 많은 수의 신규 기사 채용이 가능할지 의문이었고, 기
존 버스 기사들은 근무시간 단축에 따라 수입이 줄어들 것
을 염려하고 있었다. 버스 연합회장을 만나 보니 "실장님, 이
건 정말 대책이 없습니다. 꼭 방법을 찾아 주세요"라고 어려
운 상황만 호소했다. 이어 노동조합을 찾았는데, 버스 관련
노조는 한국노총 산하 자동차노동조합연맹(자노련)이 핵심이
었다. 자노련 사무실을 무턱대고 찾아가니 연맹 위원장과 간
부들이 반겨주었다. 함께 난관을 헤쳐 나가자고 결의하고 나
니, 대낮부터 폭탄주를 마시자고 했다. 낮부터 밤늦게까지
엄청나게 많은 술을 마시며 인연을 만들었고, 이때 쌓인 신
뢰가 나중에 문제를 해결하는 데 큰 도움이 되었다.

국토부장관과 노동부장관, 사용자 측인 버스연합회장과 노동자인 자노련위원장이 함께 만나 문제 해결에 적극 협력할 것을 다짐하는 자리를 만들었고, 이를 토대로 하나하나 문제점을 짚어 나갔다. 취약한 버스산업을 지원할 수 있도록 준공영제를 확대하는 방안을 만들었고, 기사 충원이 가능하도록 처우를 개선하는 것도 대책에 반영했다. 가장 큰 난관은 재원을 어떻게 확보하느냐였는데, 공공 지원을 확대하더라도 어느 정도의 버스요금 인상은 불가피했다.

버스요금 인상은 워낙 민감한 사안이라 청와대와 기획재정부 등의 반대가 심했다. 대책 내용에 '요금 현실화'라는 표현이 들어가는 것으로도 당시 청와대 비서관과 언성을 높여가면서 논쟁할 정도였다. 국토부장관님과 함께 당시 이재명 경기도지사를 방문해서 요금 인상에 대해 협조해 달라고 요청했는데, 이 지사님께서도 무척 조심스러운 입장이었다. 반면 버스연합회나 노조에서는 요금 인상 없이는 대책이 무의미하다는 입장이었다. 결국 더불어민주당 L당대표께서 개입해서 경기도에 충분한 지원을 해주는 대신 요금을 인상하는 것으로 정리가 되었다. 이 과정에서 기획재정부와 관계가 악화되기는 했지만, 그 정도 선에서 대책이 정리되었다. 2019년 7월부터 주 52시간제가 단계적으로 시행되었지만, 버스 운행은 큰 혼란 없이 잘 운행되고 있고, 이는 여러 기관과 관계자가 함께 노력한 결과라고 생각한다.

버스 문제로 골머리를 앓는 가운데 BMW 차량 화재 문제가 발생했다. 고급 외제차인 BMW 중 경유를 쓰는 특정 모델들에서 원인을 알 수 없는 화재가 집중적으로 발생했다. 개인 차량이 전소되어 재산 손실이 발생하는 것은 물론, 주차장 전체로 불이 번져서 대형 피해로 이어지기도 하였다. 원인을 알 수 없으니 국민들의 불안은 커졌고, 정부에 대책 마련을 촉구하고 있었다. 마침 목포에서 해당 BMW 모델의 화재 사고가 발생했는데, 교통안전공단 산하 자동차연구원의 담당 직원이 현장에 가서 부품 하나를 가져왔다. EGR이라는 경유차의 성능을 높이기 위한 장치였는데, 자세히 살펴보니 플라스틱이 있는 곳에 녹아서 뚫린 구멍이 선명했다. 기자실로 가서 화재난 차에서 가져온 부품을 전시하면서 설명하자, 비로소 국민들도 화재의 직접적인 원인을 이해하게 되었다. 이를 바탕으로 전국의 해당 BMW 차량에 대해 EGR

부품을 교체하는 리콜을 실시하도록 했다. 한국 BMW 대표인 K회장은 샐러리맨의 전설로 불릴 만큼 훌륭한 분이었는데, 막대한 비용이 드는 리콜을 적극적으로 수용해 주서서 감사한 일이었다. 원인을 알고 나면 불안감이 줄어드는 법이다. 해당 부품에 대한 리콜이 완료되자 화재도 잦아들었다. 이후 관련 전문가들로 TF를 구성해 EGR이 과열된 원인을 밝혀내고 이를 국민에게 설명했다. 문제를 일으킨 BMW에는 과징금을 부과했고, 유사한 사태 재발 방지를 위해 징벌적 손해배상을 도입하도록 제도를 개선하는 것으로, 2018년 여름을 뜨겁게 달군 화재 사건은 일단락되었다.

교통정책실장을 하면서 가장 힘들었던 일 중 하나는 택시 문제였다. 외국에서는 우버가 등장하면서 택시 수요를 상당 부분 대체하는 현상이 나타났는데, 이는 IT 기술의 등장으로 기존 산업이 위협받는 대표적인 사례라 할 수 있었다. 국내에서도 기존 택시 호출 서비스를 운영하던 카카오모빌리티가 우버와 유사한 서비스 도입을 추진하고 있었다. 한편에서는 '다음' 사장을 역임한 바 있는 L대표가 운수회사를 설립하고, 렌터카를 기반으로 '타다'라는 서비스를 운영하고 있었다. 기존 택시 서비스에 익숙한 승객들은 '타다'의 세련된 서비스에 만족한 반면, 택시업계는 이를 생존의 문제로 인식하며 극렬하게 저항하고 있었다. 이 과정에서 기사들이 저항의 표시로 분신 자살을 하는 일이 발생했고, 몇 차례에 걸쳐 택시 파업도 발생했다.

1980~90년대에 전성기를 누리던 택시는 2000년대 들어 자가용 보급이 확대되면서 수익성이 크게 악화되었다. 택시를 대중교통에 준해 지원하려는 택시발전법이 국회를 통과하였으나, 이명박 대통령에 의해 거부권이 행사되기도 하였다. 이렇게 택시는 복잡한 정치적 문제가 된 난제였으며, 국토교통부 내에서도 택시 담당은 최고의 기피업무로 인식되고 있었다. 한편 택시 발전 방안을 마련하던 즈음 더불어민주당 내에서도 택시 TF가 구성되었고 J의원이 이를 맡게 되었다. 청와대에서는 택시업계의 생존권을 보장하면서도, IT를 활용한 혁신성장의 모델로 발전할 가능성이 큰 네트워크 기반 모빌리티 사업도 육성해 나가는 것을 원하고 있었다.

고심한 끝에 전문가들의 지혜를 모아 서로가 상생할 수 있는 방안을 만들었다. 당시 장관님을 모시고 국무총리께 직접 보고를 드렸는데, IT 기술을 활용해서 승객을 중계하는 서비스를 신설해 이를 합법화하되 차량은 택시면허를 얻은 차량만 활용하도록 했다. 우버와 유사한 모빌리티 서비스를 운영하되, 과잉 상태인 택시면허를 모빌리티 업체들이 매입해 활용하도록 하는 타협안이었는데, 부족하나마 택시와 모빌리티 업체 모두 수용 가능할 것으로 보았다. 많은 시간이 흘러 내가 차관을 하던 시기가 되어서야 힘들게 법 개정을 마쳤으나, 언론들은 이를 '타다금지법'이라고 표현했고, 실제로 렌터카 활용을 할 수 없게 된 L대표는 '타다' 사업을 포기하게 되었다. 다행히 카카오와 우버는 정부안을 수용해서 지금 시중에 카카오와 우버 표시가 된 택시를 많이 볼 수 있다.

대도시가 도시의 경계를 넘어 확산되면서, 대도시권 교통 문제는 어느 특정 지자체만으로 풀기 어려운 문제가 되었다. 국토교통부는 이런 문제에 대처하기 위해 광역교통법을 제정하고 정책을 추진하고 있었는데, 19대 대통령 선거에서 문재인 대통령은 광역교통 문제를 전담할 중앙행정기관인 '광역교통청'을 신설하는 방안을 공약으로 내세운 바 있다. 대통령 공약이라고 할지라고 중앙행정기관을 신설하는 문제는 쉽지 않은 일인데, 정부조직을 담당하고 있는 행정안전부와의 협의가 되지 않아 지지부진한 상황이었다. 기획조정실장으로 일하던 시절 행정안전부의 K조직실장과 만나 이 문제를 어떻게 풀어 나갈지 논의했다. 행정안전부 담당 실장에 따르면 행안부 K장관님은 지방자치단체간의 조율을 주요 업무로 하는 권한이 중앙행정기관의 기관장 한 명에게 주어지는 것이 지방자치의 취지에 맞는지를 고민하고 계신다고 했다. K실장과 협의해 기존의 '대도시권 광역교통청'을 '대도시권 광역교통위원회'의 형태로 변경해서 추진하기로 하고, 양 부처의 장관님께 보고해서 동의를 받았다. 이후 진행이 급물살을 타서 법 개정이 이루어졌고, 2019년 3월 '대도시권 광역교통위원회'가 출범해 활발하게 업무를 추진하고 있다.

ICAO, OSJD,
가덕도 신공항

2019년 5월 23일부터 2019년 12월 19일까지 약 7개월간 국토교통부 제2차관으로 재직했다. 차관이 되면서 한가지 달라지는 점은 각종 국제회의에 정부를 대표하는 수석대표로 참석하는 일이 많아졌다는 것이다. 2019년 여름에는 우즈베키스탄 타슈켄트에서 열린 국제철도협력기구(OSJD) 총회에 참석했다. OSJD는 동유럽과 아시아 지역의 국제철도 운영 방안을 상호협의하기 위한 기구인데, 우리나라는 북한의 반대로 가입이 지연되다가 남북 관계에 훈풍이 불던 2018년에 처음 가입했다.

　러시아와 중국, 그리고 동유럽과 아시아 국가들이 정회원이며, 북한도 가입해 있었다. 2019년 회의는 우리나라로서는 처음으로 참석하는 자리였는데, 영광스럽게도 내가 수석대표를 맡게 되었다. 서유럽이나 미국과 달리 OSJD에 참석한 대표들은 독특한 개성을 지니고 있었다. 며칠 동안 이어진 회의 중간중간에 서로 보드카를 마시는 모습이 인상적이었다. 회의가 끝나면 만찬 자리에서도 술을 마음껏 즐겼다. 특이하게도 그 많은 술을 마시고도 취하는 사람은 전혀 없었다. 북한 철도장관도 회의에 참석했는데, 나보다 외모는 열 살 정도 많아 보이는 동갑내기였다.

　도착한 다음 날 아침 호텔 뷔페식당에서 처음 마주쳤는데, 내가 먼저 가볍게 인사를 건네자 "동포끼리 만나니 반갑습네다"라는 다소 경직된 인사가 돌아왔다. 그 후 이어진 회의에서 매일 옆자리에 앉다 보니 나중에는 제법 친숙해지게 되었다. 우리 통역이 놓친 러시아어 발언을 북한 측 통역에게 물어서 확인하기도 했다. 주최 측이 마련한 만찬 자리에서는 서로 자리를 오가며 술을 권하기도 하고 일부는 플로어에서 춤도 추곤 하는데, 내가 먼저 북한 측 수행원들 자리로 가서 인사를 하고 술을 한잔씩 따라 주었다. 이후 북한 장관에게 내가 당신 수행원들 한 잔씩 주고 왔으니, 당신도 우리 직원들 격려 좀 하고 오라고 권했는데, 조심스러워서인지 하지 않았던 기억이 난다. 나중에 귀국길에 공항 흡연실 부근에서 다시 북한 장관을 만났는데, 그가 나에게 담배를 권했다. 내가 이미 담배를 끊었다고 하자, "남자가 담배도 피워야지"라며 기분 나쁘지 않게 응답했던 게 그와의 마지막 기억이다.

가을에는 캐나다 몬트리올에서 열린 국제민항기구(ICAO) 총회에 다녀왔다. 회의 전반부에는 장관님께서 참석하시고, 후반부에는 내가 교체 수석대표로 참석했다. ICAO 총회 기간에는 여러 가지 국제항공에 대한 논의가 이어졌고, 마지막에는 이사국을 뽑는 선거가 진행되었다. 이사국에 입후보한 우리나라는 투표권을 가진 여러 나라 대표들과 만나 지지를 호소했다. 물론 우리나라도 투표권을 갖고 있었기 때문에, 이사국에 입후보한 다른 나라 대표들도 나를 만나고 싶어했다. 저녁에는 여러 나라가 돌아가면서 개최하는 리셉션에 다니면서 음식을 먹고 와인을 한잔 하면서 다양한 인사들과 만나 대화를 했다. 우리나라가 주최하는 한국의 날 리셉션에서는 나와 ICAO 주재 한국대사가 함께 호스트가 되어 손님들을 맞이하고 교류를 했다. 전체회의에서 한국 대표로서 국제항공에 대한 우리나라의 노력과 정책을 소개하는 공식 연설도 했다. 이러한 노력에 힘입어 마지막 날 투표에서 우리나라는 3그룹 투표에서 역대 최다 득표로 1위로 이사국에 선출되었다. 국제항공 분야에서 우리나라의 위상이 매우 높아졌음을 실감한 자리였다.

제2차관으로 근무하면서 가장 중요했던 일은 가덕도 신공항에 대한 결정이었다. 가덕도 신공항은 장애물로 인해 안전상 문제가 있고 24시간 운영이 어려운 김해공항을 대체할 신공항을 건설하는 사업이었는데, 영남권 일대에 마땅한 입지가 없는 것이 문제였다. 김해공항의 활주로 방향을 바꾸어 안전도를 높이는 방안이 국토부가 제시하는 차선책이었는데, 부울경 지역의 인식차는 매우 컸다. 어느 날 K경남지사와 K부산지역 국회의원이 나를 찾아와 가덕도 공항 문제를 총리실로 넘길 것을 제안했다. 앞으로도 뒤로도 한 발짝도 나가지 못하는 정치 문제화 되어버린 가덕도 문제를 총리실에서 다룰 경우 돌파구가 마련될 수도 있겠다는 판단에 장관님과 상의해서 수용하기로 했다. 사실 내심으로는 총리실에서 가덕도 공항 추진 쪽으로 결론 내리라고는 생각조차 못했다. 예상과 달리 총리실은 일부 절차상의 미비점을 문제 삼아 논의를 원점으로 돌렸고, 이후 가덕도공항은 정치적 논리대로 일사천리로 추진하는 쪽으로 흘러갔다. 개인적으로 가덕도공항 추진에 대한 당시 총리실의 결정은 정치적 고려로 전문가의 의견을 억누른 결과 큰 낭비를 초래한 잘못된 정책 결정의 사례로 남을 가능성이 크다고 생각한다. 내가 국토부를 떠난 다음에 일어난 일이지만, 그리고 어떤 게 옳은지 정답이 없는 문제이지만, 후배들에게 큰 짐을 남긴 것 같아서 마음이 무겁다.

차관으로 근무하던 때 기억에 남는 일 중 하나는 고속도로 명칭을 변경한 일이다. 지금의 수도권순환고속도로는 당시에는 '서울외곽고속도로'로 불리고 있었는데, 이재명 당시 경기도 지사께서 대부분 경기도 관내를 지나는 순환 고속도로의 이름에 왜 '서울'이라는 명칭이 들어가냐고 이의를 제기했다. 경기도의 담당 L부지사는 내 사무실을 계속 찾아오면서 이재명 지사의 생각을 관철시키려고 했고, 나는 서울시와 인천시에서 동의해 오면 변경을 검토하겠다고 했다. 다행히 서울시와 인천시도 반대하지 않았고, 고속도로의 명칭을 '수도권순환고속도로'로 변경하였다. 서울 중심의 고정된 시각을 바로잡은 좋은 사례였고, 이재명 당시 지사의 옳은 지적이었다고 생각한다.

나는 2019년 12월에 헝가리 부다페스트에서 열리는 아셈 교통장관회의에 참석했다. 교통정책에 대해 참석한 장·차관들이 많은 논의를 하고, 저녁에는 와인을 곁들여서 만찬을 했다. 내 옆자리에 헝가리 차관, 벨기에 장관 등 수석대표들 몇 명이 앉아서 대화를 나눴는데, 대부분이 나와 같은 직업 공무원이 아니라 국회의원을 겸하고 있었다. 이런저런 정치 이야기를 나누던 중 어떤 장관이 "우리 정치인에게는 스트레스란 없지? 안 그래?"라고 말했던 것이 인상 깊다. 만찬이 끝나고 호텔 방에 들어와 있는데, 청와대 인사비서관에게서 전화가 왔다. "이번 총선에 참여하시는 게 사실입니까?" 충북지사 등 지역 정치권에서 총선을 앞두고 인력 차출을 요청한 것이었다. 부다페스트의 다뉴브강을 바라보면서 "생각해 보고 한국에 들어가서 말씀드리겠습니다"라고 답한 것이 30년 공무원 생활의 마지막 모습이 되었다.

2장

인천국제공항 운영

2020년 21대 총선이 끝나고 충주에 머물면서 후일을 기약했고, 충주 소재 국립한국교통대학교 항공운항과에서 초빙교수로 일하면서 '국제항공법'을 강의하고 있었다. 항공운항과는 장차 조종사가 될 인력을 양성하는 선호도가 높은 과였는데, 강의를 듣는 20여 명의 학생에게 "충주 출신 손들어 보세요"라고 하자 한 명도 없었던 것이 기억에 남는다. 그러던 중 2021년 2월부터 인천국제공항공사의 사장으로 근무하게 되었다.

인천국제공항은 세계적으로도 손꼽히는 명품 국제공항으로서 공기업인 인천국제공항공사가 운영하고 있다. 공사 사장은 너무나 영광스러운 자리이지만, 내가 취임하던 2021년에는 코로나로 인해 공항이 거의 개점휴업 상태였고, 정규직화 문제로 내부 갈등이 폭발해 전임 사장이 중도 하차한 매우 어려운 시기였다. 2021년 2월 취임식을 앞두고 노조에서 면담 요청이 왔다. 아직 사장 취임도 하지 않은 상태에서 노조 대표를 먼저 만나는 것이 적절하지 않다고 생각되어 거절했더니, 회사 정문을 가로막고 출입을 막았다. 한참을 실랑이하던 끝에 노조 대표와 별도 장소에서 간단히 상견례를 하고 취임식을 무사히 마칠 수 있었다. 취임하는 공기업 사장마다 낙하산 반대니 하면서 길을 막고 대거리를 하는 전통이 언제부터 생겼는지는 모르겠지만, 별로 유쾌한 기억은 아니었다.

처음 취임했을 때는 항공기 운항이 거의 없었고, 간혹 오가는 승객들은 방역당국의 철저한 검역을 힘겹게 거쳐야 했다. 이후에 조금씩 회복되기는 했지만, 공항 종사자 모두에게 너무도 어려운 시기였다. 인천공항공사는 약 2천 명의 본사 인력과 1만 명에 가까운 자회사 인력을 고용하고 있었는데, 이 기간에 한 명의 해고도 없이 고용을 유지했고, 면세점 등 입주업체에 대해서도 임대료를 감면해 주면서 고용 유지에 최대한 힘쓴 점은 높이 평가받아야 마땅하다. 그럼에도 불구하고 공기업 평가에서 적자 발생을 이유로 낮은 등급을 받은 것은 이해하기 어렵고 개선이 필요하다고 생각한다. 공기업 평가는 기획재정부 주도로 이루어지고 있는데, 공기업의 사회적 책임보다는 재무적 경영 실적 위주로 시행되고 있어 부작용이 크다. 고속도로 휴게소를 이용할 때마다 높은 가격에 비해 낮은 품질에 아쉬움을 느끼게 되는데, 그 근본적인 원인을 따져보면 도로공사에 이익 내기를 강요하는 공기업 평가에 있다고 생각한다.

문재인 정부는 공기업 자회사 인력의 정규직화를 강력하게 추진했었는데, 그중에서도 최대한 많은 인력을 자회사가 아닌 본사 소속으로 전환하기를 원했다. 약 30%를 직고용할 경우 1,500명 수준의 기존조직에 3,000명의 외부 인력을 포함시키는 것이므로, 면밀한 과정을 거쳐 신중하게 추진되었어야 했다. 이런 상황에서 청와대와 국토부의 압박에 밀린 전임 사장이 이를 무리하게 추진하다가 내부의 반발로 리더십을 상실한 것이 이른바 '인국공 사태'였다. 이런 상황에서 후임 사장으로 부임하자, 노조에서 또 한 번 밀어붙이는 것이 아닌가 의심했던 것 같다. 취임식 전에 노조위원장과 별도로 상견례 할 때 무슨 말을 했길래 문을 열어 주었는지 궁금해 하는 분이 많은데, "내가 CEO이므로 내가 살펴본 후 스스로 옳다고 생각하는 방향대로 책임지고 갈 것이다"라는 원론적인 취지였던 것으로 기억한다. 취임 후 청와대 고용수석을 찾아가서 깊은 얘기를 나누었고 말 그대로 전권을 위임받아서 소신껏 경영해서 노사관계를 안정시킬 수 있었다. 그 대신 인사 문제 등 사장의 권한에 해당하는 부분은 절대 양보하지 않았는데, 그 결과 청사 입구에 사장을 비난하는 흉물스러운 플래카드가 내걸리고 점심시간마다 사장실 밖에서 시위가 이어지는 등 CEO 괴롭히기에 해당하는 거의 모든 일들을 견뎌 내야만 했다.

또 하나는 골프장 문제가 있었다. SKY72는 인천공항 제5활주로 예정 부지에 2020년을 기한으로 골프장을 건설해 운영하던 회사였다. 계약 종료를 앞두고 새로운 운영사업자를 공모해서 뽑아 놓은 상태였는데, 내가 부임하던 2021년까지 인계인수를 거부하면서 골프장 영업을 계속하고 있었다. SKY72를 운영하던 K사장은 곳곳에 넓은 인맥을 자랑하는 사람이었는데, 인천에 가서 상황을 보니 법적인 정당성과 무관하게 지역사회 전체가 SKY72의 편을 드는 것처럼 보였다. 지역 언론도 인천공항공사를 도와주지 않고 공권력을 가진 인천시도 한 발을 뺀 채로 전혀 움직이지 않았다. 반대로 로

비의 영향인지 감사원에서 재판이 진행 중인 사항에 대해 관례를 깨고 감사를 하겠다고 나서는 상황이었다.

이런 상황을 타파하기 위해 우선 KBS, MBC, SBS 등 방송사와 조선, 동아, 중앙, 한겨레, 매경, 한경 등 주요 언론사들을 빠짐없이 직접 방문하면서 도움을 요청했다. 계약을 이행할 것을 촉구하는 시위를 골프장 앞에서 한다고 하니, 사장이 직접 나온다면 취재하겠다는 취지의 반응이 왔다. 실제로 날을 정해서 사장인 내가 직접 마이크를 잡고 시위를 했고, 중앙 방송을 비롯한 언론을 타자 여론이 역전되기 시작했다. 매우 위험한 일이라는 지적도 있었지만, 용수와 전기를 일부 차단하면서 압박을 가했다. 이러한 노력의 결과 골프장 인도를 요구하는 재판이 신속히 진행되었고, SKY72는 클럽72라는 후속 사업자에게 무사히 인계되었다. 전기를 차단한 일에 대해 고발당한 것도 처음에는 무혐의로 잘 처리되었지만, 이후 윤석열 정부가 들어선 뒤 야당 출신 CEO인 나를 압박하기 위해 인천지검이 느닷없이 나를 기소했다. 검찰청에 가 본 적도, 검사를 직접 만난 적도 없이 기소되어 약 2년을 대응해야 했고 1심, 2심, 대법원 모두 무죄를 선고받았다. 한 번 종결된 사건도 다시 들춰내서 기소하는 정치 검찰의 행태를 제대로 체험한 일이었다.

인천공항을 경영하면서 문화예술 공항을 지향했다. 인천공항을 방문하면 언제든지 수준 높은 공연과 미술품을 관람할 수 있도록 하면 공항의 품격도 높아지고 방문객 증가 효과도 볼 수 있을 것이라 생각했다. 이러한 포부를 언론사 기고와 인터뷰를 통해 수차례 밝히자 여기저기서 반응이 나타나기 시작했다. 우선 아르스헥사라는 민간 투자자가 나타나 인천공항에 미술품 수장고를 짓겠다는 아이디어를 냈다. 나중에 살펴보니 싱가포르 창이공항을 비롯한 많은 공항들이 수장고 사업을 운영하고 있었다. 창이공한 부지 내의 'Le Freeport'라는 수장고를 직접 방문해 보니, 첨단 기술을 활용하여 완벽한 보안과 보관시설을 갖춘 공간에 온갖 진귀한 귀중품과 미술품, 와인 등이 보관되어 있었다. 이런 아이디어를 수용해서 사업을 진척시키니 추진사인 아르스헥사의 대표는 일약 국제 미술계에서 주목받는 사람으로 부상하기도 했다. 한국화랑협회와도 협약을 체결해서 KIAF 전시회를 공동으로 개최했고, 루이뷔통을 비롯한 여러 기업이 인천공항 청사 내에 자기 비용으로 조형물을 설치하기도 했다. 문화재청과 협력해서 한국문화의 우수성을 알리는 LED 홍보물을 설치하고, 국립미술관과도 전시에 대한 협력사업을 추진했다. 프랑스 대사관에서도 관심을 보여 연락이 왔고, 주한 프랑스 대사관저를 방문해서 즐거운 환담과 함께 오찬을 함께 했다. 아마도 프랑스 대사께서 추천했을 텐데, 프랑스 뮤지엄협회가 개최하는 국제 세미나에 주제 발표와 토론 참여를 요청받았다. 이를 위해 UAE에서 열린 행사에서 문화예술 공항을 지향하는 인천공항의 정책을 설명하고 열띤 공개 토론에도 참석하는 경험을 했다.

MRO는 비행기의 정비·수리·개조를 뜻하는 말이다. 항공기는 운항하는 과정에서 매뉴얼에 따른 정비를 해야 하는데, 우리나라의 MRO 산업 발전이 충분하지 못해서 해외에 의존하는 상황이었다. 인천공항 1터미널에서 2터미널로 이동하는 길에서 보면 'MRO 예정 단지'라고 쓰인 팻말이 오래전부터 있었지만, 실제로 이루어지지는 못하고 있었다. 인천 지역의 리더급 인사들과 교류하면서 얘기를 들어보면 MRO 사업 활성화에 대한 건의가 많았다. 인천공항 정도의 여건이면 금방 될 것도 같은데 한번 도전해 보고자 하는 의욕이 생겼다. 우선 미국의 대형 항공그룹인 아틀라스의 정비고를 유치하는 일을 추진했다. 아틀라스는 기존에 아시아 지역 정비 공장을 홍콩에서 운영하고 있었는데, 여러 가지 요인에 의해 다른 지역으로 이전하는 방안을 검토 중이었다. 인천공항도 유력한 후보지 중 하나였지만, 이전에 인천공항공사가 대한항공, 아시아나 등 국적 항공사 위주로 운영하면서 외국 항공사에 무형의 불이익을 준 사례가 많았기 때문에 망설이고 있는 상황으로 보였다. 아틀라스의 국내 협력사 P대표와 인천공항공사 담당자들과 함께 뉴욕으로 날아가 현지 CEO와 주요 임원들을 만나 인천공항의 입장을 설명했다. 3~4시간 정도 회의를 마친 뒤 식사 자리로 가자고 했다. 스무 명 가까운 사람이 모여서 소주 폭탄주를 마시며 환담을 했다. 함께 간 인천공항공사의 여성 임원이 한국에서는 술을 이렇게 마신다면서 소폭을 원샷하고 빈 잔을 머리 위에 붓는 모션을 하고 나니, 모두들 재미있다고 웃으며 따라 하기도 했다. 나는 아틀라스 CEO와 옆자리에 앉아서 3시간 정도 대화를 했는데, 자녀 이야기, 인생 이야기를 나누며 공감대를 형성할 수 있었다. 이러한 좋은 분위기 덕분인지, 아틀라스항공의 인천공항 내 MRO 사업은 이후 원활하게 추진되고 있다.

이스라엘 국영기업인 IAI는 노후된 여객기를 화물기로 개조하는 기술을 보유하고 있는데, 이스라엘 내 생산기지가 포화 상태에 이르면서 해외 생산기지를 모색하고 있었다. 인천공항 담당자들이 이를 유치하기 위해 공을 들이고 있었고, 성과가 가시권에 들어오고 있었다. 처음에는 이스라엘에서 오는 손님들을 주로 맞이하다가, 이후에는 내가 직접 이스라엘 텔아비브에 있는 IAI 본사를 방문해서 환대를 받았다. 화물기 개조 사업은 여러 위기를 넘기면서 잘 진행되고 있는데, 국제 비즈니스에서도 역시 당사자 사이의 신뢰가 가장 중요한 것이라 생각된다.

MRO를 추진하면서 가장 어려웠던 일 중 하나는 경상남도 사천과 관련된 일이었다. 사천 지역은 항공산업단지를 조성하고 MRO 산업을 육성하기 위해서 많은 노력을 하고 있었는데, 인천공항의 MRO가 활성화되면 지방에 있는 사천의 산업이 위축될 것을 우려했기 때문이다. 국회가 열릴 때마다 경남 사천 출신 H의원은 인천공항 사장을 발언대로 불러내서 MRO 사업 추진을 포기할 것을 종용했었다. 사실 대형기가 착륙할 수 없는 사천공항 주변에서는 대형 화물기 개보수나 개조를 할 수 없으므로 직접적인 영향은 없는 사업이다. 하지만 지역경제 활성화를 고민하는 H의원의 노고에 대해 충분히 공감하는 바가 크다.

ACI(세계공항평의회)라는 국제 조직이 있다. 전 세계의 공항 운영기관들이 모여서 만든 회의체인데, 인천국제공항공사는 ACI에서 높은 위상과 함께 중요한 역할을 하고 있다. 인천공항 사장인 나도 ACI 아시아·태평양 지부의 이사로 등재되어 있었고, 인천공항을 비롯한 세계 주요 공항들이 돌아가면서 여러 행사를 개최하기도 했다. 오만에서 열린 ACI 총회는 인근 카타르 월드컵이 열리던 시기에 개최되었다. 회의가 끝나고 저녁 무렵 공항 사장들과 월드컵 경기를 함께 시청했는데, 먼저 일본이 16강 경기에서 크로아티아와 대등한 경기를 하고도 패해서 함께 자리한 나리타공항 대표와 간사이공항 대표에게 위로의 말을 건넸다. 이어진 경기에서 우리나라가 브라질에 참패하는 바람에, 다른 공항 사장들이 브라질 출신인 ACI 총재에게 "CEO Kim이 화나 있을 테니 피해 다니라"고 농담을 건네기도 하였다. ACI는 매년 세계 공항들의 서비스 수준을 평가해서 발표하는데, 2022년 폴란드에서 열린 대회에서 세계 최초로 고객경험인증 5단계를 수상하는 영예를 얻기도 했다.

인천국제공항은 세계 최고 수준의 공항 건설과 운영에 대한 노하우를 바탕으로 해외 진출도 적극 추진하였다. 내가 재직하던 시절 인도네시아 바탐공항의 운영사로 선정되었고, 폴란드 신공항 건설사업에는 컨설팅사로 참여하여 노하우를 전수하기도 하였다. 폴란드 신공항은 마치 30년 전의 인천공항을 보는 듯 비슷하게 닮은 사업인데, 폴란드 측은 지분 투자를 통해 건설과 운영에도 함께 참여할 것을 원했지만, 국내의 경직된 제도와 전문성이 결여된 예비타당성 조사 제도로 인해 무산된 점은 아쉬움으로 남는다. 인천공항공사를 비롯한 우리나라 공기업들은 유럽 유수의 전문기업들보다 인프라 건설과 운영 능력이 뛰어난데, 보수적인 경제 관료와 학자들이 이러한 잠재력을 사장시키고 있는 점은 문제라고 생각한다.

인천공항공사 사장 임기를 10개월 남겨놓은 시점에서 윤석열 정부와 W장관의 압박이 심해서 공사 사장 자리를 미련 없이 내어놓고 퇴직했다. 2년여를 재직하는 동안 많은 좋은 일들이 있었고, 특히 면세점 입찰을 성공적으로 진행해 향후 인천공항이 발전할 기반을 탄탄하게 마련해 놓은 점도 보람으로 남는다. 나를 믿고 따라주며 함께 노력해 준 동료 직원들에게 진심으로 감사한 마음을 전한다.

2부

지방 도시 충주의 현황과 발전 방안

1장

충주의 현황 분석

충주의
인구 현황

　나의 고향 충주는 자랑스러운 고장이었다. 고구려 시대에는 국원성이 설치되었고, 신라가 이 지역을 차지한 이후에는 중원경이라고 불리며 5소경의 하나로 중시되었다. 충주라는 이름도 매우 오래되어 태조 왕건에 의해 지어진 것으로 알려져 있다. 조선시대에도 충청감영이 있던 곳인데, 임진왜란 때 큰 피해를 입은 끝에 감영이 이전된 것으로 알려져 있다. 이토록 피해를 입었음에도 조선 후기에는 자생적인 발전을 거쳐 18세기에는 조선 전체에서 네 번째, 남한만 따지면 한양에 이어 두 번째로 인구가 많은 도시로 성장하였다. 또한 구한말 13도 체계로 개편될 때 충청북도의 도청이 입지했다가,

경부선의 이탈 등으로 다시 도청이 옮겨가는 일을 겪기도 했다. 요컨대 천오백 년에 걸친 오랜 역사 속에서 충주는 전국에서 다섯 번째 안에 드는 위상을 가지고 있었다고 이해되는데, 그렇다면 지금의 충주가 역사상 가장 위축된 상태가 아닌가 하는 생각이 든다.

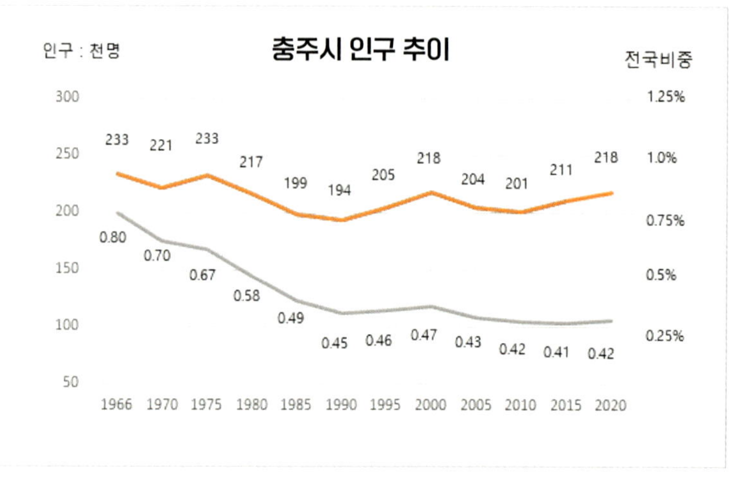

충주시의 최근 인구를 살펴보면 20~23만 명 수준에서 등락을 나타내고 있는데, 전국 인구에서 차지하는 비중은 꾸준히 하락하고 있다.

　충주의 인구가 다른 주변 도시들에 비해 정체된 이유는 무엇인가?

　다음의 그래프를 보면 경기도 주변의 충청과 강원지역 도시들은 지난 30년간 큰 폭의 인구 증가를 경험하고 있다. 청주의 인구가 59만 명에서 85만 명으로, 원주의 인구가 22만 명에서 36만 명으로, 천안의 인구가 29만 명에서 66만 명으로 늘어나는 동안 충주는 21만 명 내외에서 정체되고 있는데, 그 원인에 대한 논의가 필요하다.

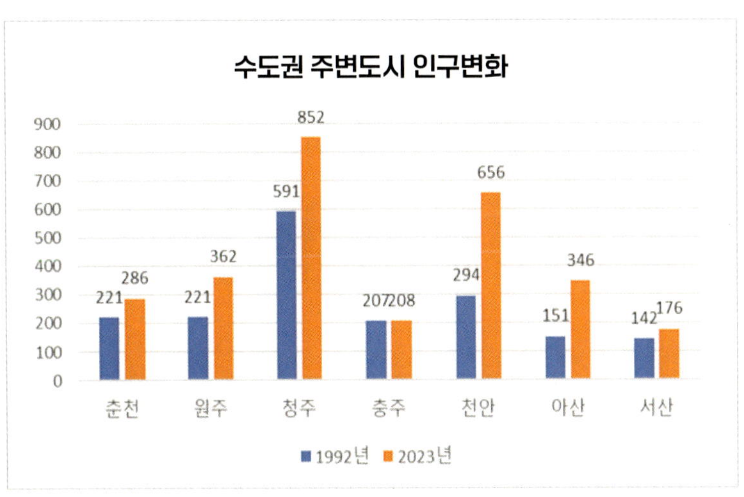

물론 충주의 인구만 정체된 것은 아니다. 아래의 그래프는 2010년에서 2023년 사이의 인구 변화를 나타낸 것인데, 수도권을 제외한 전국의 시급 도시 49개 중에서 21개는 인구가 늘고, 28개는 인구가 줄었다. 충주시는 이 순위 중 22위로 인구가 늘어나는 도시와 인구가 줄어드는 도시의 정확한 중간 지점에 있다. 인구가 증가하지 않은 원인을 찾아나서는 것도 중요하지만, 인구가 줄지 않고 유지되는 원인 또한 찾아서 상실되지 않도록 지켜나가는 것도 중요한 전략이 될 것이다.

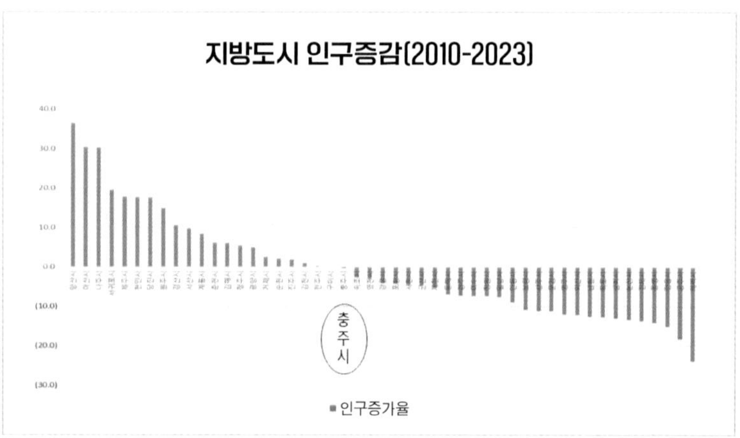

충주의
경제 여건(제조업)

다음의 그래프는 충주시의 2021년도 GRDP를 나타내고 있다. 이 기간 충주시의 전체 GRDP는 7조 8,462억 원인

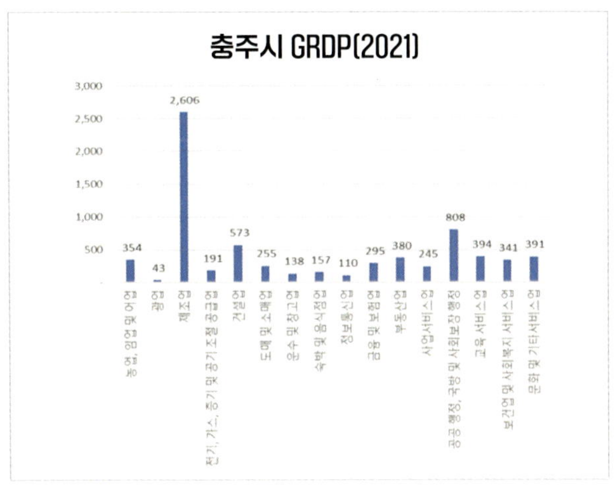

데, 제조업에서 가장 많은 2.6조 원을 생산하고, 공공행정 8,080억 원, 건설업 5,730억 원, 문화서비스 3,910억 원, 농업 3,540 억원 등의 순이다.

그렇다면 충주는 제조업 중심도시일까? 반드시 그렇게 보기도 어려운 것이, 다른 도시와의 상대적인 비교가 필요하다. 다음의 그래프는 각 도시의 산업 비중이 전국 평균에 비해 높은지 낮은지를 나타낸 것이다. 충주는 제조업의 상대적인 비중이 전국 평균에 비해 1.9%p 낮게 나타나고 있는 반면, 청주는 전국 평균보다 11.8%p, 진천은 27%p, 음성은 21.8%p 높은 것을 나타나고 있다. 이 표에 따르면 청주, 진천, 음성은 제조업 중심 도시로 볼 수 있는 반면, 충주는 제조업이 융성한 도시와는 거리가 먼 것을 알 수 있다.

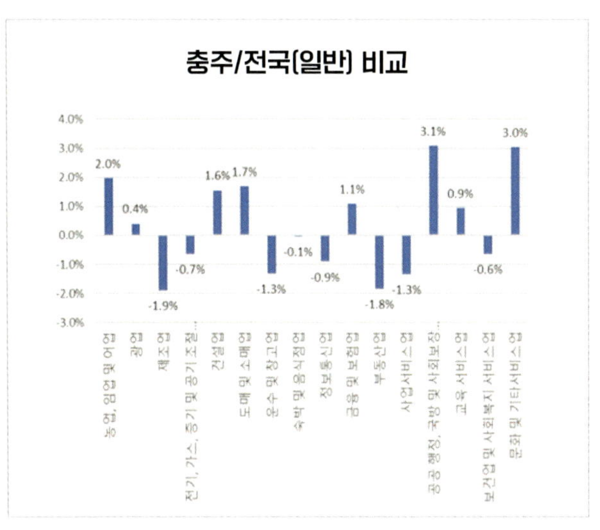
충주/전국(일반) 비교
4.0%
3.0%
2.0%
1.0%
0.0%
-1.0%
-2.0%
-3.0%
2.0%
0.4%
-1.9%
-0.7%
1.6%
1.7%
-1.3%
-0.1%
-0.9%
1.1%
-1.8%
-1.3%
3.1%
0.9%
-0.6%
3.0%

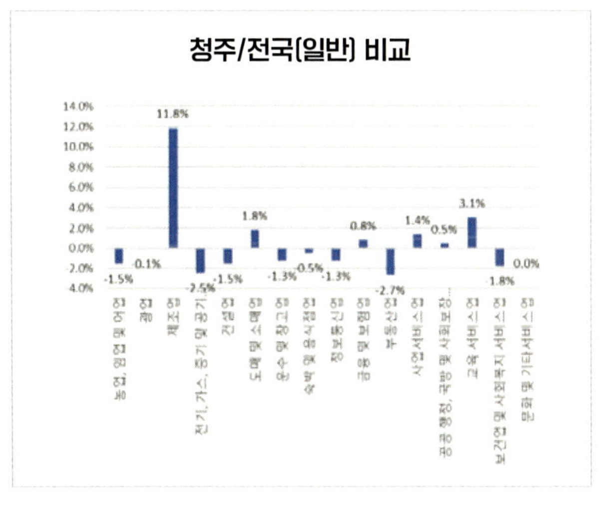
청주/전국(일반) 비교
14.0%
12.0%
10.0%
8.0%
6.0%
4.0%
2.0%
0.0%
-2.0%
-4.0%
-1.5%
11.8%
-0.1%
-2.5%
-1.5%
1.8%
-1.3%
-0.5%
-1.3%
0.8%
-2.7%
1.4%
0.5%
3.1%
1.8%
0.0%

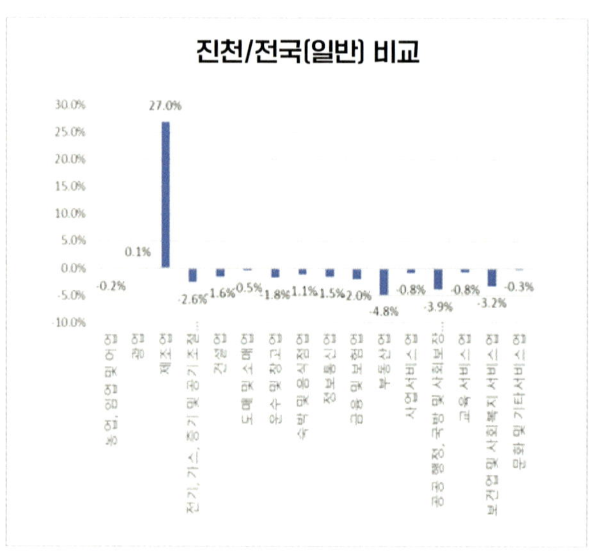

진천/전국(일반) 비교

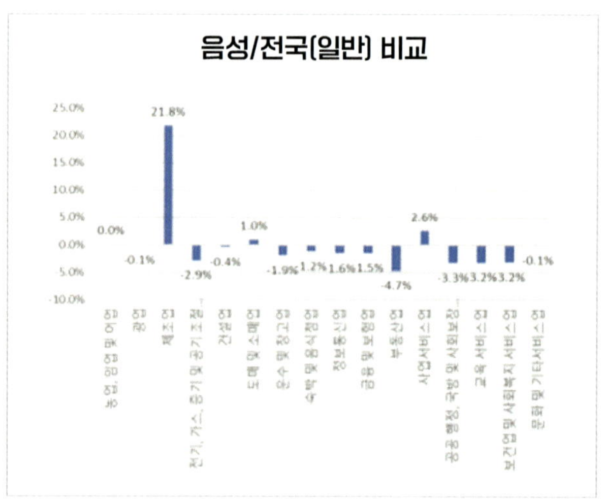

음성/전국(일반) 비교

제조업의 규모와 부가가치 또한 문제가 된다. 다음의 그래프에서 충주의 제조업 종사자는 24,589명으로, 청주의 78,630명은 물론 인구가 적은 진천 28,380명이나 음성의 35,306명보다 적다. 제조업 1인당 부가가치에서도 182백만 원으로, 청주 325백만 원은 물론 진천 243백만 원, 음성 201백만 원에 비해 낮은 수준이다. 이에 따라 충주의 제조업 평균 급여도 3,928만 원으로, 청주 5,887만 원은 물론 진천 4,980만 원, 음성 4,719만 원보다 낮은 수준이다.

요컨대 충주에는 제조업체의 절대 규모가 작을 뿐만 아니라, 생산성이 높은 기업이 적어서 높은 급여를 지급하지 못하는 것이 현실이다. 젊은 인력은 높은 급여를 따라서 이동하기 때문에, 청주·진천·음성의 인구가 늘어나는 동안 충주는 정체 또는 감소를 경험하고 있는 것으로 판단된다.

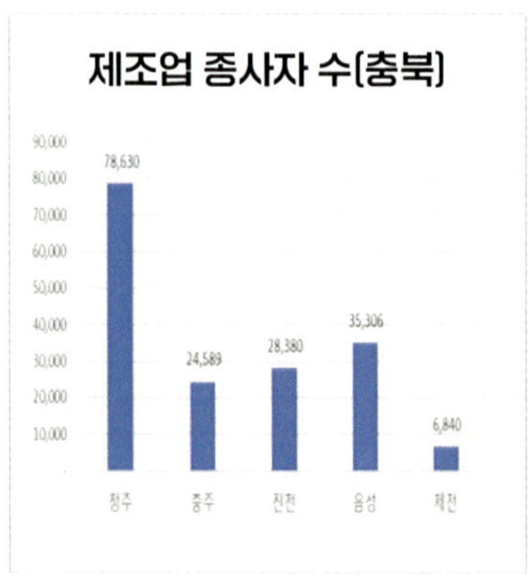

제조업 종사자 수[충북]
90,000
80,000
70,000
60,000
50,000
40,000
30,000
20,000
10,000
78,630
24,589
28,380
35,306
6,840
청주
충주
진천
음성
제천

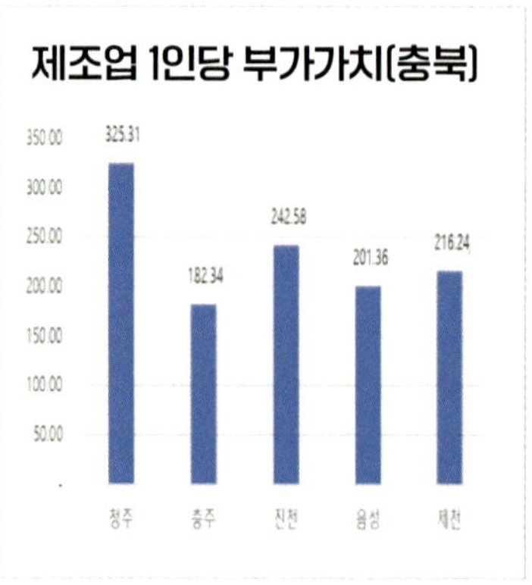

제조업 1인당 부가가치[충북]
350.00
300.00
250.00
200.00
150.00
100.00
50.00
325.31
182.34
242.58
201.36
216.24
청주
충주
진천
음성
제천

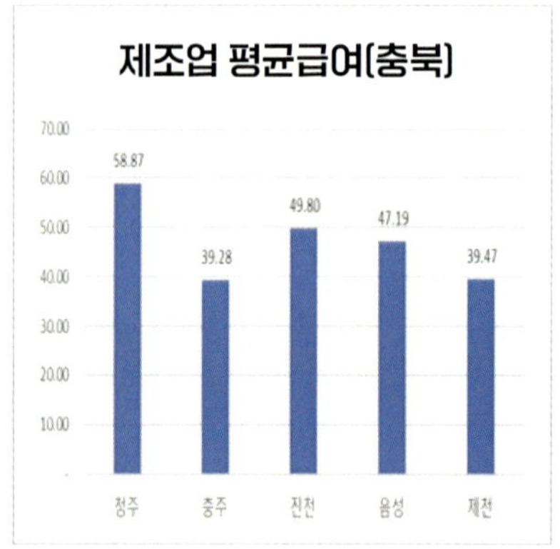

제조업 평균급여[충북]
70.00
60.00
50.00
40.00
30.00
20.00
10.00
58.87
39.28
49.80
47.19
39.47
청주
충주
진천
음성
제천

충주의
경제 여건(농업)

　충주의 농업 인구는 9,563개 농가에 19,747명으로 나타나고 있으며, 전체 충주시 인구의 9.3%를 차지하고 있다. 2021년 기준 농업 생산액은 3,540억 원으로 충청북도 내에서는 가장 많지만, 전국적으로 보면 중위권에 머무르고 있는 것으

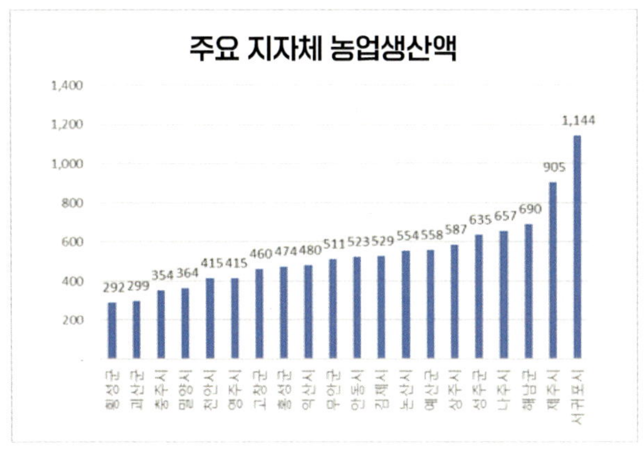

로 볼 수 있다. 농업 분야 매출액도 5,850억 원으로 1조 원을 넘는 농업이 발달한 지역 수준에는 미치지 못하고 있다.

충주의 주요 농산물은 벼, 사과, 복숭아, 한육우, 쌈채소, 콩 등의 순인데, 대표적 농산물인 사과와 복숭아의 매출액이 각각 660억 원, 550억 원 수준에 머무르고 있다. 성주 참외의 매출이 6,015억 원으로 충주 사과의 9배, 청도군의 반시 매출이 1,540억 원으로 충주 사과의 2.5배, 제주도 감귤매출이 1.3조 원으로 충주 사과의 20배에 달하는 점을 감안하면 대표작물의 위상이 낮은 것으로 볼 수 있다.

농산물의 매출 중 비용을 제외한 소득률도 매우 중요한데,

복숭아나 두류, 인삼과 쌈채소 등이 고른 분포를 보이고 있
다. 참고로 충주시의 전체 농산물 소득률은 60%로 다른 도
시와 비교해서 중상위 수준을 나타내고 있다.

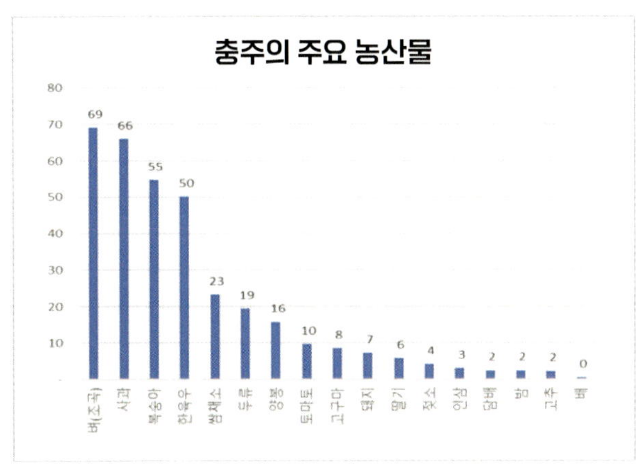

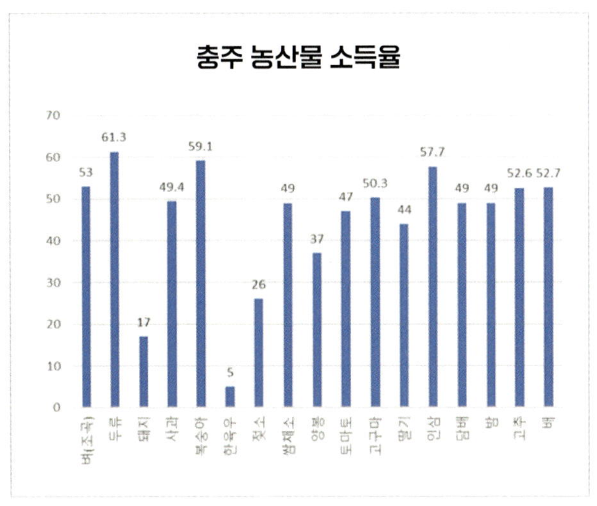

충주의
경제 여건(서비스업)

충주의 서비스업도 청주 등 다른 도시에 비해 취약한 수준이다. 다음의 그래프는 청주와 충주의 서비스 생산액을 나타내고 있는데, 인구의 차이를 감안하더라도 도소매업, 운수창고업, 금융보험업, 사업서비스업, 교육서비스업 등에서 현격한 차이를 보이고 있다.

비슷한 규모의 도시인 춘천이나 강릉과 비교해도 충주의 서비스업은 강하지 않은 것으로 나타난다. 특히 관광이 발달한 강릉에 비해 건설업, 운수창고업, 숙박음식점업 등이 취약하고, 춘천에 비해서는 정보통신업, 사업서비스업, 공공

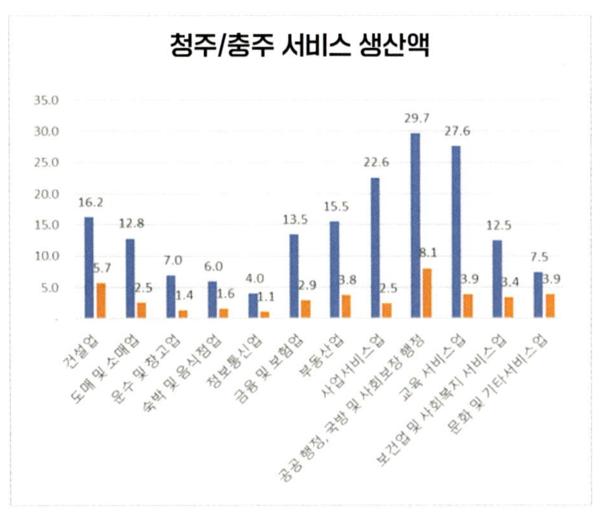

청주/충주 서비스 생산액
35.0
30.0
25.0
20.0
15.0
10.0
5.0
16.2
5.7
12.8
2.5
7.0
1.4
6.0
1.6
4.0
1.1
13.5
2.9
15.5
3.8
22.6
2.5
29.7
8.1
27.6
3.9
12.5
3.4
7.5
3.9
건설업
도매 및 소매업
운수 및 창고업
숙박 및 음식점업
정보통신업
금융 및 보험업
부동산업
사업서비스업
공공 행정, 국방 및 사회보장 행정
교육 서비스업
보건업 및 사회복지 서비스업
문화 및 기타서비스업

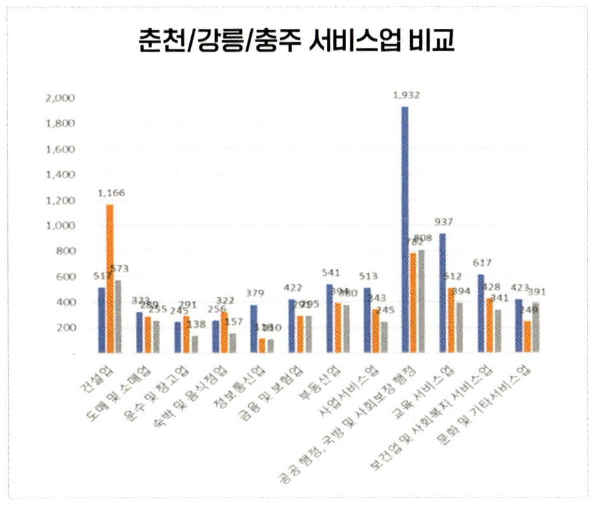

춘천/강릉/충주 서비스업 비교
2,000
1,800
1,600
1,400
1,200
1,000
800
600
400
200
517
1,166
573
323
289
255
245
291
138
256
322
157
379
121
140
422
295
300
541
380
390
513
343
245
1,932
789
808
937
512
394
617
428
341
423
248
391
건설업
도매 및 소매업
운수 및 창고업
숙박 및 음식점업
정보통신업
금융 및 보험업
부동산업
사업서비스업
공공 행정, 국방 및 사회보장 행정
교육 서비스업
보건업 및 사회복지 서비스업
문화 및 기타서비스업

행정, 교육서비스업 등에서 현격한 차이가 나타나고 있다.

　대표적인 서비스업인 관광업을 살펴보면, 제천의 관광객이 1,031만 명, 단양이 925만 명을 기록하는 동안 충주는 371만 명에 머무르고 있다. 충주는 양호한 관광자원을 가지고 있음에도 비슷한 여건의 제천이나 단양에 비해 관광산업이 활성화되지 못한 것으로 나타난다.

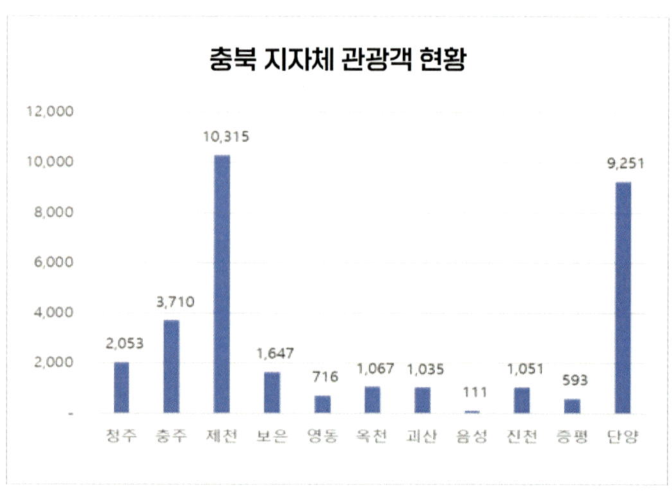

　다른 도시들과의 비교에서도 관광객이 1,000만 명을 넘거나 육박하는 여수, 순천, 경주, 제주, 목포 등과는 큰 격차를 보이고 있는 것이 현실이다.

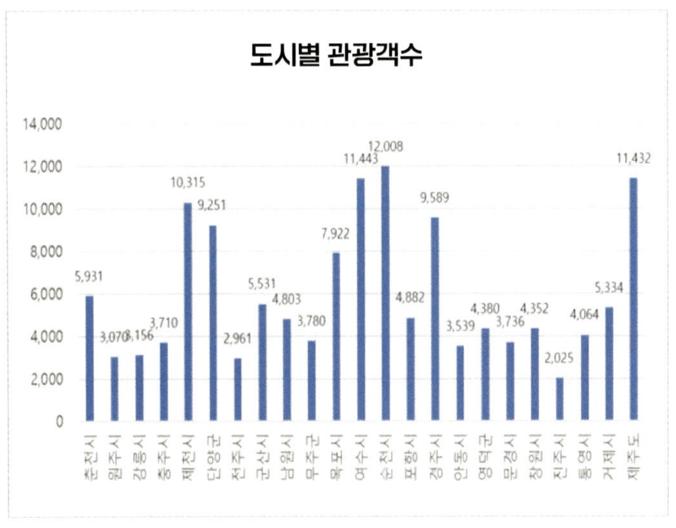

2장

충주의 발전 방향

정체성의
회복

　충주의 발전을 논의함에 있어 어떤 도시를 지향할 것인가 방향을 정하는 것이 매우 중요하다. 충주는 충청권의 도시인가? 충청도의 '충'자가 충주에서 유래했음이 분명하고 정서적으로는 충청도의 중심 도시이여야 하지만, 현실은 그렇지 않다고 생각된다. 최근의 충남+대전 통합이나 5극+3특 논의에 있어서도 충주는 소외되고 있음이 분명하다. 다음의 그래프는 산업화 시기인 1970년~2005년과 최근인 2015년~2024년의 지자체별 인구 변화를 나타낸 것이다. (빨간색과 주황색은 인구 증가 지역, 연두색과 노란색은 인구 감소 지역을 나타냄)

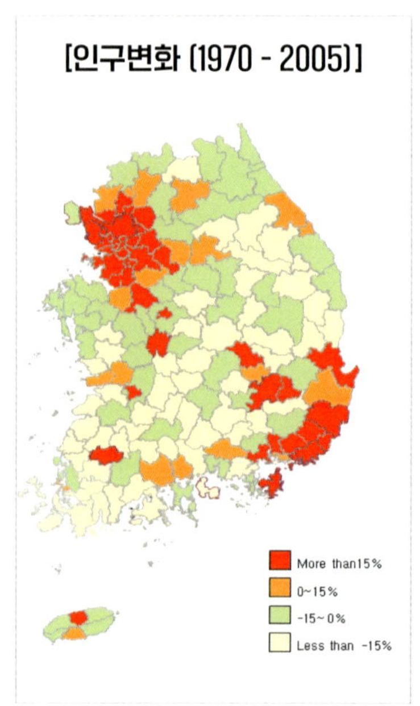

[인구변화 (1970 - 2005)]
More than15%
0~15%
-15~0%
Less than -15%

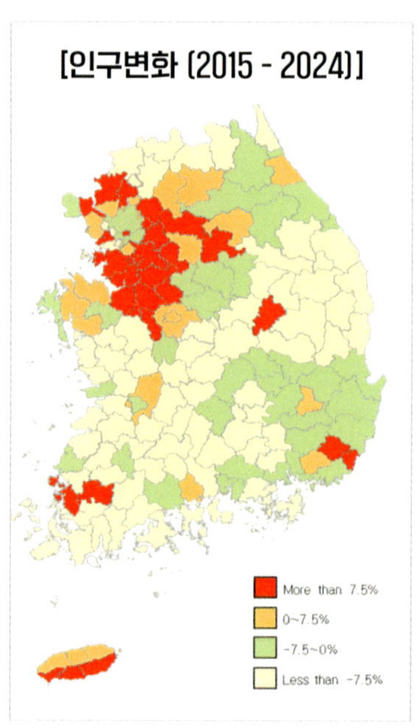

[인구변화 (2015 - 2024)]
More than 7.5%
0~7.5%
-7.5~0%
Less than -7.5%

산업화 시기에는 수도권과 영남권, 경부축 중심의 인구 집중이 나타나면서 경부고속도로와 영동고속도로를 따라 수도권의 발전축이 확산되고 있음을 알 수 있다. 정보화 시기인 최근 10년 동안에는 수도권의 발전이 모든 지방을 압도하는 현상이 나타나고 있는데, 수도권은 경부고속도로, 서해안고속도로, 영동고속도로, 경춘고속도로 방면으로의 발전축을 형성하며 확산하는 모습을 보이고 있다. 그 결과 춘천, 원주, 진천, 청주, 천안, 아산, 서산, 당진 등 수도권과 연접된 충청, 강원권의 도시는 모두 인구가 증가하고 있다. 충주는 이러한 발전축 형성에서 소외된 결과, 경기도와 접경한 시(市)급 도시 중에서 유일하게 인구가 소폭 감소하고 있는 곳이다. 충주의 발전을 위해서는 수도권의 확장축이 충주 방면으로 이어지는 것이 중요하다. 향후 짧지 않은 기간 동안 충주가 발전하느냐, 정체 또는 소멸되느냐는 수도권과의 관계가 어떻게 형성되느냐에 달려 있다고 보는 것이 현실적인 진단일 것이다.

과거의 역사를 보더라도 충주는 충청권 대부분의 지역이 농촌에 머물러 있을 때 한강 수운을 통해 한양과 강원권, 영

남권을 연결하는 물류 및 상업 도시로서의 기능이 발달했
고, 이를 토대로 충청권의 수부 도시라는 행정권까지 보유할
수 있었다. 지금은 경부선 철도의 이탈과 충북선 개통으로
수도권과의 연결기능을 상실하였고, 이에 따른 연쇄적인 효
과로 도청이 이전되어 행정권마저 잃게 되는 결과가 초래되
었다. 지금 상황에서도 충주의 부흥과 발전은 수도권과의 연
결성 회복에 있다.

제2 경부축의
복원

　　충주의 발전을 위해서는 무엇보다도 수도권과의 연결성 회복이 중요하다. 다음의 그림은 내비게이션이 알려주는 서울-부산의 최단 경로다. 중부내륙고속도로의 개통으로 적어도 고속도로 교통에 있어서는 과거의 경부축이 복원되고 있는 과정이다. 다만 경부고속도로를 이용하는 대안이나 대전-통영 고속도로를 이용하는 대안과 비교할 때 통행시간은 근소한 차이만을 보이고 있다. 아래 그림과 같이 과천-용인-충주 민자고속도로가 완공되면, 통행 시간의 우위가 확고해질 수 있을 것으로 전망된다. 이와 같이 서울로 직결되는 신설 고속도로는 충주의 장래를 결정짓는 중요한 사업이다.

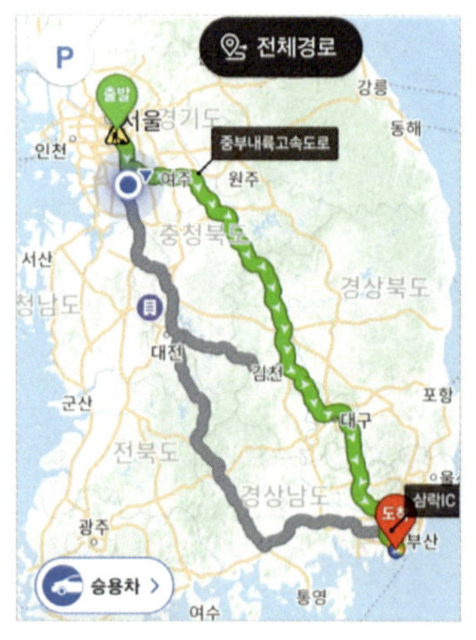
전체경로
출발
서울
경기도
중부내륙고속도로
인천
여주
원주
강릉
동해
서산
충청북도
경상북도
청남도
대전
김천
군산
포항
대구
전북도
경상남도
삼락IC
광주
부산
여수
통영
승용차

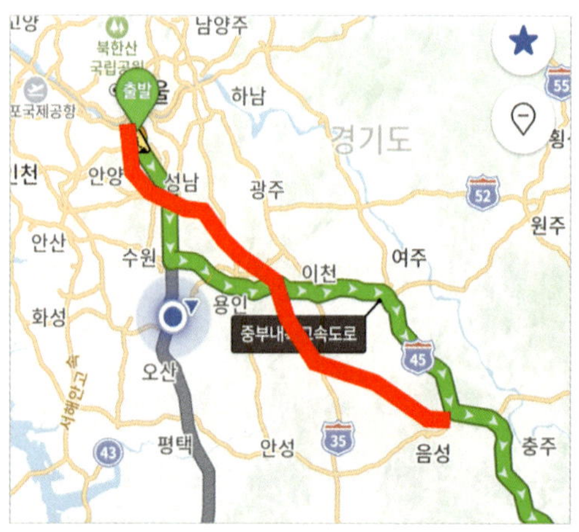
북한산
국립공원
남양주
하남
경기도
포국제공항
출발
안양
성남
광주
여주
인천
안산
수원
이천
55
52
원주
화성
용인
중부내륙고속도로
45
오산
서해안고속
43
평택
안성
음성
충주
35

철도망에 있어서도 경부축의 복원이 중요하다. 현재 단선인 중부내륙선 철도를 통해 1일 편도 4회의 열차가 운행되고 있는데, 이 정도 통행으로는 지역 발전 효과를 기대하기 어렵다. 2030년 이후 수서-광주 고속철도와 문경-김천 철도 연결이 완성되면 1일 편도 16회 정도의 운행이 가능해지지만, 획기적인 지역 발전을 위해서는 중부내륙선의 복선화와 경부고속철도 본선 연결을 통해 현재의 경부고속철도에 견줄 수 있는 1일 150회 수준으로 확대할 필요가 있다. 나아가 서울-충주-대구-부산을 잇는 시속 400㎞/h대의 차세대 고속철도선을 구축하는 비전을 수립하고 추진하는 것이 충주뿐만 아니라 국토 전반의 균형발전을 위해 매우 바람직할 것이다.

고속철도망 연결과 아울러 대중교통망의 연결 또한 중요한데, 현재 수도권 광역교통망의 혁신을 불러오고 있는 GTX선을 충주까지 연결하는 방안을 적극적으로 주장하고 관철할 필요가 있다. 저렴한 비용으로 수도권을 오갈 수 있는 GTX가 연결되면, 충주는 양방향 출퇴근이 가능한 수도권 도시의 하나가 될 수 있다.

서울
인천
제2경부
고속선
충주
영주
상주
기존
경부고속선
대구
울산
광주
전라남도
경상남도
부산

규제 완화를 통한
관광 활성화

현재 충주는 수도권에 용수를 공급하는 역할을 하는 반면, 수질 보전을 위한 환경 규제를 받고 있다. 받는 것은 없고 일방적으로 주기만 하는 전형적인 불평등 관계다. 충주의 발전 방안을 논함에 있어 이와 같은 수도권과의 불균형을 바로잡는 것이 중요하며, 용수 공급을 통해 수도권 발전에 기여한 데 상응한 반대급부를 당당하게 요구할 필요가 있다. 일례로 충주가 보유한 자연자원을 활용해 관광산업을 활성화할 필요가 있는데, 수질 보전을 위한 토지 이용 규제가 이를 상당 부분 가로막고 있는 것이 현실이다. 획기적인 규제 완화를 통해 활용 가능한 토지를 확보하고, 이를 활용해 관광 수입을 증대할 필요가 있다. 충주호가 보유하고 있는 막대한 수자원을 적어도 충주 발전을 위해 부족하지 않게 활용할 수 있는 권리를 확보할 필요가 있으며, 수질 보전을 위해 받고 있는 규제를 최대한 완화해 관광자원으로 활용할 수 있는 토대를 마련해야 할 것이다.

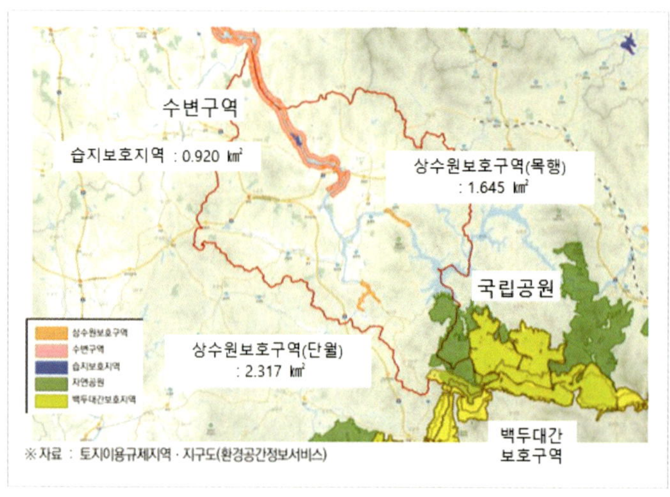

이 그림은 충주시의 환경 보전을 위한 토지 이용 규제를 나타내고 있다. 조정지댐 상류의 중앙탑면, 앙성면, 소태면, 엄정면, 금가면 일원의 한강과 접하고 있는 지역은 수변구역으로 지정되어 토지 이용이 제한되고 있으며, 비내섬의 경우 습지보전구역으로 지정되어 있다. 충주댐과 달천강으로 취수원이 이원화되어 있어 상수원 보호구역도 이중으로 지정되어 수려한 경관을 활용하지 못하고 있으며, 충주호의 일부는 국립공원으로 지정되어 규제를 받고 있다. 또한 충주호

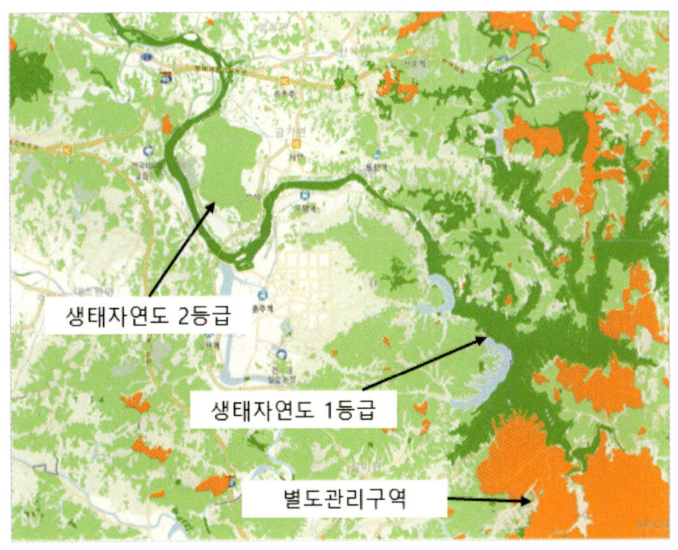

일원의 광범위한 지역이 생태자연도 1등급으로 지정되어 토지 이용에 제약이 큰데, 이러한 지역은 대부분 경관이 수려하여 관광자원으로서의 개발 잠재력이 큰 지역인 어려움이 있다.

또 한 가지 문제점은 접근 교통 인프라의 미흡으로 충주시 관할 충주호 주변 지역이 맹지화되고 있는 점이다. 충주가 제천이나 단양에 비해 수도권에 인접해 있음에도, 실제 충주호 주변으로 접근하는 시간은 충주가 제천이나 단양보다 빠르다고 보기 어렵다. 충주시 계명산에서 제천의 대표적인 관광지인 청풍단지까지의 거리는 직선거리로 14㎞에 불과하다. 충주 도심에서 청풍단지를 연결하는 도로를 개설해 맹지화되어 있는 충주 권역 충주호 주변의 토지에 관광시설 투자를 집중 유치할 필요가 있다. 이미 관광이 활성화되어 있는 제천, 단양과 충주의 관광을 연계할 경우, 시너지 효과로 강원권이나 서해안권에 버금가는 내륙의 관광 거점으로 성장할 가능성이 충분하다.

마지막으로 이원화되어 있는 취수원을 충주댐으로 일원화

하고, 단월 정수장 상류의 상수원 보호구역 해제를 추진할 필요가 있다. 달천강 주변의 수려한 경치를 관광자원으로 개발하면, 수안보 온천과의 시너지 효가가 상당할 것으로 기대하고 있다.

도심 활성화 방안

충주시가 가지고 있는 문제 중 하나는 도심의 공동화와 이로 인한 상업 기능 저하다. 우선 다음의 그래프에서 보듯이 충주시의 인구 1인당 상업지역 면적은 비교 대상인 20개 도시 중에서 최고 수준을 나타내고 있다. 양적인 측면에서 상업지역의 과잉이 우려되는 가운데, 내용 면에 있어서도 구도심이 쇠퇴하는 가운데, 서충주, 구연수동, 신연수동, 호암동, 용산동 등 상업 중심지들이 분산되어 있는 점도 문제라고 할 수 있다.

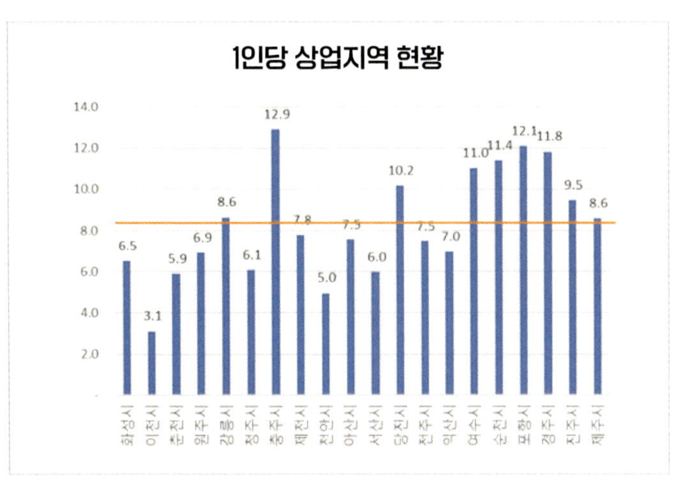

　그중에서도 성서동, 성내동 일대의 구도심 쇠퇴가 심각하게 진행되고 있는데, 이 지역은 도시재생 사업의 선도지역으로 지정되어 많은 예산이 투입되었음에도 가시적인 회복 움직임이 없는 지역이다. 필자는 과거의 오래된 필지 구획이 그 원인 중 하나라고 생각하고 있다.

　다음 페이지의 표와 그래프는 충주시와 다른 도시 상업 중심지 건축물의 규모를 비교한 것이다. 충주시 성서동의 판매·업무·숙박·문화집회 시설의 평균 건축면적은 413㎡, 연면적은 1,672㎡에 불과한데, 청주시 가경동과 비교하면 각

각 49%와 24%, 아산시 용화동과 비교하면 29%, 32% 수준에 머무르고 있다. 세종특별자치시나 판교가 위치한 성남시 백현동과는 비교가 불가능할 정도의 차이다. 수요변화에 부응한 대형화된 상업시설을 수용하기에는 건축물의 규모 자체가 너무 작으며, 지하주차장에 주차하고 동일 건물 내에서 다양한 서비스를 즐기는 젊은 층의 취향을 전혀 반영하지 못하고 있다. 작은 건축물 규모는 결국 필지 자체가 지나치게 세분화되어 있는 데에 근본 원인이 있는 만큼, 도심 상업지의 재활성화를 위해서는 필지의 대형화와 건축물의 재건축을 달성할 수 있는 새로운 접근법이 필요하다.

평균 건축면적(판매, 업무, 숙박, 문화)

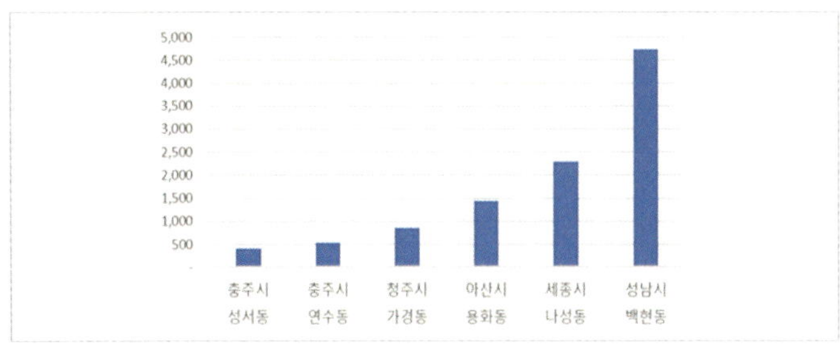

건축면적 (㎡)		충주시 성서동	충주시 연수동	청주시 가경동	아산시 용화동	세종시 나성동	성남시 백현동
	판매시설	488	560	6,873	3,061	3,751	5,907
	업무시설	435	492	775	378	1,389	4,466
	숙박시설	207	307	240	181	-	1,330
	문화집회	1,323	2,022	691	1,669	8,066	-
	합계	413	526	849	1,444	2,285	4,738

평균 연면적(판매, 업무, 숙박, 문화)

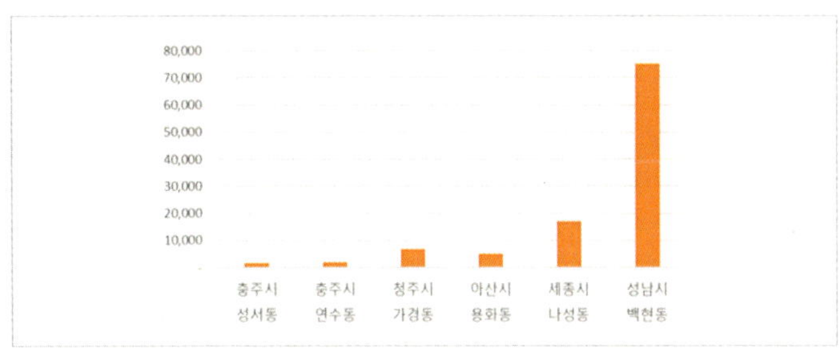

건축면적 (㎡)		충주시 성서동	충주시 연수동	청주시 가경동	아산시 용화동	세종시 나성동	성남시 백현동
	판매시설	2,837	1,196	66,226	12,351	26,826	77,391
	업무시설	1,629	1,764	3,979	1,185	14,086	78,917
	숙박시설	730	1,695	1,411	724	-	29,701
	문화집회	4,009	8,718	2,765	4,819	16,186	-
	합계	1,672	2,050	6,897	5,179	17,034	75,127

주거지역
정비 방안

충주시의 1인당 주거지역은 72.3㎡로 주요 도시들의 평균을 다소 상회하는 수준이며, 아파트 건설이 가능한 2종, 3종 주거지역의 면적도 다른 도시들의 평균 수준으로 나타나고 있다.

충주시의 인구 1,000명당 주거 수는 417호로 청주(367호), 천안(387호), 원주(391호)보다 많은 수준으로, 외견상 다른 도시와 비교해 주거 문제가 매주 양호한 것으로 보인다. 하지만 아파트 호수를 비교하면 반대의 양상이 나타나는데, 충주시의 인구 1,000명당 아파트는 238호로 청주(283호), 천안

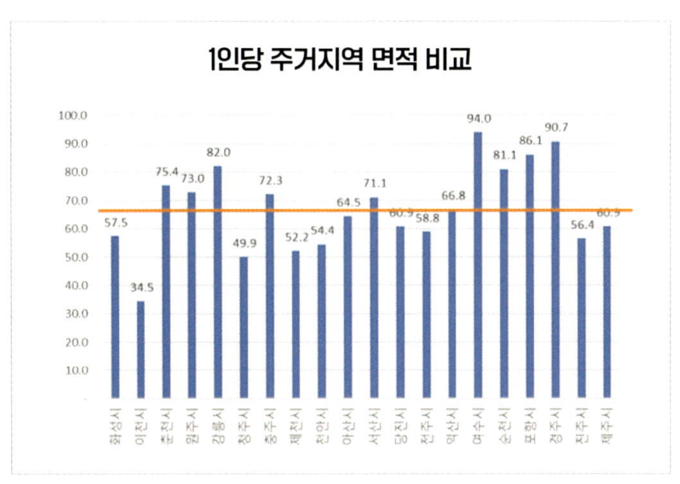

(286호), 원주(295호)와 비교할 때 절대적으로 부족한 것을 알 수 있다. 요약하자면 충주시의 전체 주거 수는 다른 도시에 비해 많지만, 젊은 층과 중산층이 선호하는 아파트의 공급은 다른 도시에 비해 크게 부족한 것을 알 수 있다. 단순 계산으로 청주 수준의 인구 1,000명당 아파트 공급을 위해서는 약 10,000호의 추가공급이 필요한 실정이다.

아파트의 공급이 중요한 이유는 젊은 층의 주거 편중 현상 때문이다. 다음의 표는 전체 인구 중 49세 이하 젊은 층의 비율과 전체 주거 중 아파트의 비율을 나타내고 있다. 충주시 인구 중 49세 이하의 비율은 48.5%, 충주시 주거 중 아파트의 비중은 57%로, 인구가 증가하고 있는 다른 도시들에 비해 현저히 낮은 수준이다. 젊은 인구가 많아서 아파트 비중이 높은지, 아파트 비중이 높아서 젊은 층의 유입이 가능했는지 선후관계는 증명하기 어렵지만, 충주시가 앞으로 30만 정도의 인구 증가를 기대한다면 주택 공급 계획 또한 이에 맞추어 수립하는 것이 중요하다.

다만, 아파트가 입지할 택지 개발의 방향이 중요한데, 기존 충주시 도시기본계획은 외곽의 읍·면지역을 중심으로 주거를 공급하는 것으로 계획되어 있어 아쉬움이 크다. 장기적으로 기존 도심과 서충주를 연결하는 방향으로 도시의 확장이 진행되어야 하며, 산지가 아닌 평야 지대로의 도시 개발이 필요하다. 또한 성서동 등 도심지 활성화 정책과 연계해 주상복합 건물의 형태로 양호한 주거를 공급하는 방안을 모색할 필요가 있다.

	49세 이하 인구비율	주거 중 아파트 비중
전국	54.8	61.9
이천시	57.7	48.8
화성시	68.4	76.0
원주시	55.2	75.4
청주시	59.0	74.5
충주시	48.5	57.0
천안시	62.0	73.9
아산시	63.1	74.2

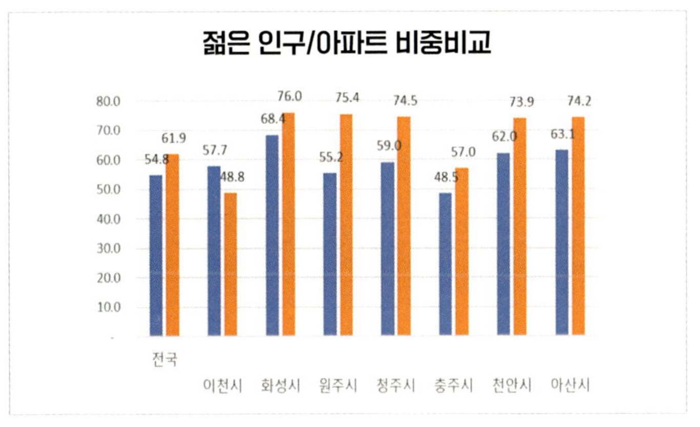

첨단산업 유치를 통한
고부가가치 산업화

충주시의 1인당 공업지역은 55.7㎡로 대규모 장치산업을 보유한 당진, 여수, 포항 등보다는 작지만, IT 중심도시보다는 넓은 수준이다. 그동안 기업도시를 비롯해 산업단지를 적극적으로 조성한 결과 외형적으로는 산업도시의 형태를 보이고 있지만, 제조업 종사자의 수나 지역내총생산(GRDP) 중 제조업의 비중 등 관련 지표상으로 볼 때 충주를 산업도시로 규정하기에는 미흡한 점이 많다. 일례로 충주의 제조업 종사자는 인구가 1/2 규모인 음성이나 진천보다 적고, 제조업 생산액 또한 훨씬 작다.

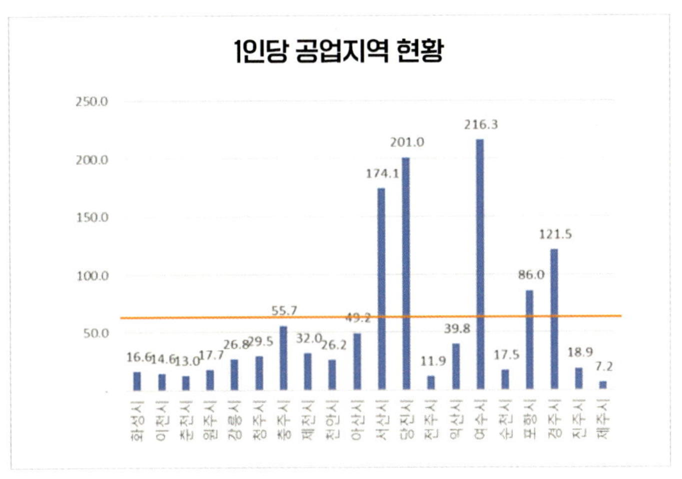

1인당 공업지역 현황
250.0
200.0
150.0
100.0
50.0
216.3
201.0
174.1
121.5
86.0
55.7
49.2
39.8
32.0
29.5
26.8
26.2
18.9
17.7
17.5
16.6
14.6
13.0
11.9
7.2
화성시
이천시
춘천시
원주시
강릉시
청주시
충주시
제천시
천안시
아산시
서산시
당진시
전주시
익산시
여수시
순천시
포항시
경주시
진주시
제주시

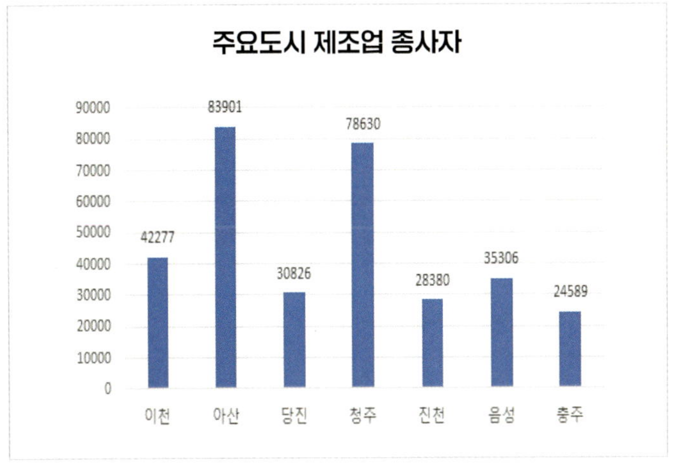

주요도시 제조업 종사자
90000
80000
70000
60000
50000
40000
30000
20000
10000
0
83901
78630
42277
35306
30826
28380
24589
이천
아산
당진
청주
진천
음성
충주

　제조업의 규모보다 더욱 심각한 것은 제조업의 부가가치가 낮은 점인데, 충주의 제조업 종사자 1인당 부가가치는 182백만 원 수준으로 IT 산업을 보유하고 있는 화성이나 이천에 비해 30~40%에 불과하고, 인근 진천이나 음성에 비해서도 74~90% 수준에 머무르고 있다.

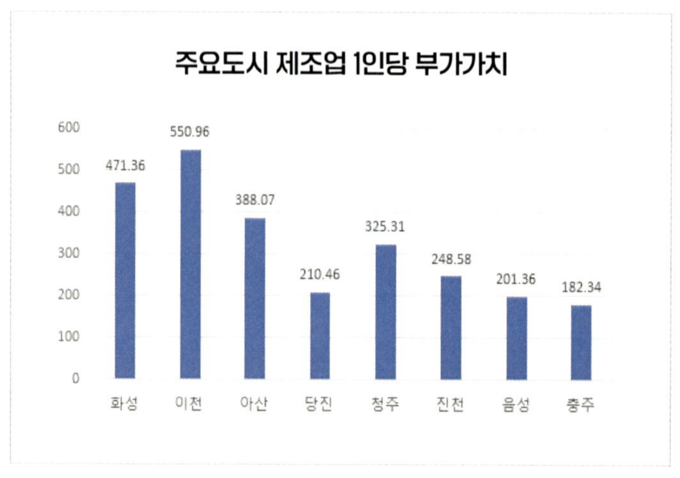

　이와 같은 낮은 부가가치는 열악한 임금 수준으로 이어지고 있는데, 충주시 제조업체의 평균 급여는 3,928만 원으로 화성, 이천, 청주 등에 비해서 2/3 수준에 불과하고, 진천이나 음성에 비해서도 80% 내외에 머무르고 있는 실정이다. 낮은 임금은 젊은 층의 이탈로 이어지기 마련인데, 충주의 인구가 정체되는 근본 원인은 낮은 제조업 생산성에 있다고 볼 수 있다.

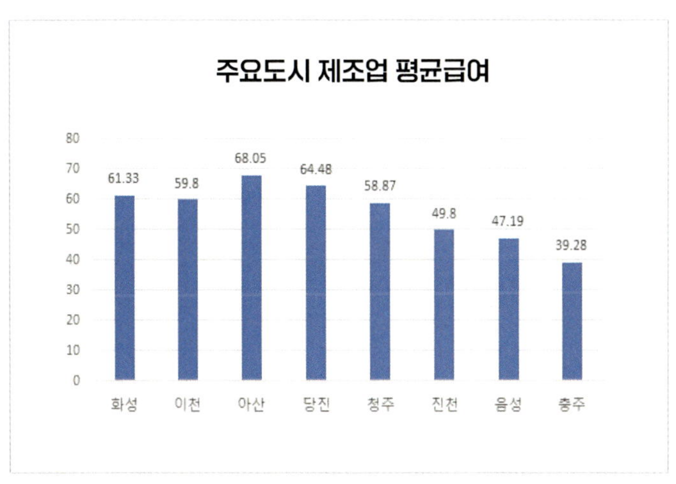

충주의 산업정책의 제1목표는 고부가가치 산업화에 두어
야 하며, 산업단지 건설보다 첨단산업을 중심으로 한 우량
기업 유치에 우선순위를 두어야 할 것이다. 고임금을 지불
할 수 있는 고부가가치 제조업의 대표적인 유형은 대규모 장
치산업 또는 IT, BT 등 첨단기술에 기반한 산업인데, 충주의
경우 두 분야 모두 녹록지 않은 상황이다. 대규모 장치산업
은 큰 항구를 보유하고 있어 원자재 수송 비용의 절감이 가
능해야 하는데, 충주는 내륙 지역의 특성상 이러한 중후장
대형 장치산업의 입지로는 적합하지 않다. IT, BT 등 첨단산
업의 경우 전력, 용수, 하이테크 인력의 삼박자가 갖추어져
야 하는데, 이 분야는 충주의 경우도 미약하나마 가능성이
남아 있는 것으로 보고 체계적인 전략을 수립하여 추진해야
할 것이다.

전력의 경우 대규모 원전이나 화력발전소가 모두 해안 지
역에 입지하고 있어 이를 송전받아 사용해야 하나, 최근의
용인 반도체단지 사례에서 보듯이 송전선 건설이 난제다. 필
요할 경우 공해가 적은 LNG나 연료전지 발전소를 충주시 관
내에 건설하는 방안도 적극 검토할 필요가 있다. 이런 점에

서 최근에 일어난 중앙탑면 LNG 발전소 건설 무산은 아쉬운 점이 있다. 인구 집중 지역이 아닌 외곽 지역에서 산업정책상 필요성에 대해 충분하고도 투명한 논의와 설득을 거쳐 추진했으면 성공했을 가능성이 높다. 또한 충주호 심층부에 자리 잡고 있는 막대한 양의 저온수를 활용할 경우 IT 산업에 소요되는 전력을 대폭 절감할 수 있는 장점도 함께 활용해야 할 것이다. AI 붐에 따라 향후 수요가 폭발적으로 증가할 것으로 예상되는 데이터센터의 경우, 장치 냉각에 막대한 전력이 필요한 만큼 충주호의 냉각수를 활용해 이를 운영하도록 하는 것이 유력한 첨단산업 유치 전략이 될 수 있다.

충주댐이 수도권을 비롯해 중부권의 용수를 대부분 공급하고 있는 점을 감안할 때, 충주는 적어도 용수 면에 있어서는 장점을 가지고 있어야 하나 현실은 잘못된 수자원 배급 정책으로 인해 충주의 용수 사정은 좋은 편이 아니다. 수도권을 위해 희생한 하천 상류권에 응분의 보상이 필요하며, 가능하면 수자원 배분의 형태로 받았으면 하는 바람이다. 특히 이를 저온수의 형태로 확보할 수 있으면 금상첨화다. 수자원의 확보는 관련 법정계획 수립 단계에서부터 명확한 논리와 근거를 제시하면서 꾸준하게 투쟁해야 이루어질 수 있으며, 이 과정에서 지역 정치권의 분발이 요구된다.

하이테크 산업을 유치하는 데 있어 고급 인력의 부족이 가장 어려운 장애물이라고 생각된다. 이들 인력을 유치하려면 충주가 젊은 층의 관점에서 보아 높은 삶의 질을 향유할 수 있는 곳이 되어야 한다. 이런 관점에서 2000년대 초반 제주 첨단산업단지의 '다음' 본사 유치 사례를 참고할 필요가 있다. 제주도는 누구나 한 번 방문하거나 단기간에 거주해 보기를 원할 정도로 매력 있는 곳으로 부상하고 있었고, 서울과의 접근성도 개선되고 있었다. 당시 '다음'은 임직원들에게 원하면 1만 원의 요금으로 김포공항까지 갈 수 있는 바우처를 제공했다. 거주하기에 편리하면서도 수도권의 네트워크를 유지할 수 있는 환경을 충주도 만들 수 있다. 다양한 여가와 문화생활을 즐길 수 있는 환경은 관광지 조성과 병행해 추진해야 하며, 교육과 의료 여건을 적어도 초기 단계에서는 공공 재원의 투입을 통해 획기적으로 개선할 필요가 있다.

여기에 더해 수도권과의 접근성 개선이 필요한데, 과천-충주 고속도로와 중부내륙선의 복선화, GTX선의 유치가 중요한 이유가 여기에 있다. 점심 무렵 약속해서, 서울에 있는 식당에서 저녁을 하고 충주로 다시 내려와 다음 날 출근할 수 있는 반나절 생활권에 편입되어야 첨단산업의 유치가 가능할 것이다. 젊은 층을 유입할 수 있는 환경의 조성은 단계적, 점진적으로 이루어져야 할 텐데, 우선은 충주에 소재하고 있는 국립한국교통대학교와 건국대학교 글로컬캠퍼스의 졸업생들을 정착시키는 정책부터 적극 추진할 필요가 있다.

농업의 경쟁력 강화와
농촌 생활 여건 개선

충주시의 농업인구는 9,353가구에 19,747명으로 나타나고 있다. 경지면적이 12,586ha이므로 가구당 경지면적은 1.3ha, 평수로는 4,078평에 해당한다. 사과 1,358 농가, 복숭아 1,937 농가, 밤 525 농가, 한우 604 농가 등이 과수나 축산에 종사하며, 인삼 309, 시설원예(딸기, 토마토 등) 168 농가 등을 제외한 나머지는 전통적인 논밭 영농에 종사하고 있다. 충주의 농업 생산액은 충청북도 내에서는 1위를 차지하고 있으나, 전국적인 농업 중심 도시들에 비해서는 아직도 열세에 있고 소득도 낮은 편이므로 적극적인 개선이 필요하다.

농가소득 개선의 가장 기본적인 방법은 생산비는 낮게 유지하고, 판매가는 높게 유지하는 것이다. 생산비 절감을 위해서는 관내 농협과 시 당국이 협력하여 농약, 농기계, 비료, 퇴비 등 중간재의 매입과 유지 비용을 절감할 수 있도록 지원을 대폭 강화할 필요가 있다. 충주시 농가에서는 인근 지자체에 비해 이러한 지원이 가장 낮은 수준이라는 불만이 제기되고 있는데, 타 지자체를 벤치마킹해 가장 높은 수준으로 만들어야 할 것이다. 인건비 절감도 매우 중요한데, 농번기에 시내 동 지역의 유휴 인력을 매치시키는 연결 사업을 시당국과 농협의 협조하에 시행할 필요가 있고, 외국인 계절근로자를 수용하기 위한 거주 시설을 제공하는 방안을 적극적으로 모색할 필요가 있다.

판매단가를 높이는 방법은 유통 개선과 명품 브랜드화에 있다. 전국의 104만 농가가 5,100만 명의 인구에 농산물을 공급하고 있으므로, 충주시 농가 9,353가구가 농산물을 공급하는 인구는 46만 명에 해당한다. 단순 계산으로 충주시 인구 21만 명이 적극적으로 충주의 농산물을 소비할 경우 생산량의 45% 정도를 감당할 수 있는 양이 된다. 충주시 관내에서부터 생산자와 소비자를 최대한 직접 연결하는 유통 혁명을 시도해 볼 수 있으며, 이 경우 농가소득 제고에 큰 도움이 될 가능성이 충분하다. 다음으로 생산물을 집단화하여 유통 부문과 협상할 필요가 있다. 대량의 농산물을 안정적으로 공급할 경우 유통 과정에서 교섭력이 제고된다. 예컨대 충주 복숭아나 충주 한우를 집중적으로 처리할 수 있는 구조가 형성되면, 좋은 조건에서 대량 소비처인 수도권의 도매시장이나 식품 유통기업 등과 직거래할 가능성이 열릴 것이다. 이러한 과정에서 납기 준수와 균일한 품질을 보증할 수 있는 제도적 장치를 시 당국과 농협의 협력을 통해 구축해야 할 것이다.

특산물의 개발 또한 중요하다. 기후변화에 따라 위기를 겪고 있는 충주 사과의 경쟁력을 유지하기 위한 노력과 아울러, 이를 대체할 새로운 대표작물 개발에 힘쓸 필요가 있다. 스마트팜을 통한 통제 가능한 작물 생산 시스템을 적극적으로 도입해 원예작물을 충주의 대표 농산물로 만들 필요가 있다. 스마트팜 활성화 과정에서 충주호 심층의 저온수를 활용할 경우 전국적인 경쟁력을 확보할 가능성이 크다. 예를 들어 저온수로 추가적인 전기료 부담 없이 스마트팜 내부의 온도를 10도 내외로 낮출 수 있으면 사계절 딸기 생산도 가능할 것으로 생각된다.

농업 인구의 감소로 쇠퇴하고 있는 읍·면 지역을 되살리기 위한 정책도 중점적으로 추진할 필요가 있다. 우선 축산농가나 퇴비공장, 화학공장 등의 악취 문제에 적극적으로 대응해 외부 인구의 유입이 가능한 환경을 조성해야 한다. 또한 불분명한 소유권 문제로 마을 진입로 정비에 장애가 초래되고 이웃 간 분쟁을 유발하고 있는 현황도로 문제를 시 당국의 보상을 통해 깔끔하게 정리해 나갈 필요가 있다. 광역상수도와 하수도 보급을 통해 충주시 관내 어디에서나 깨끗한 물을 공급받고, 농산물을 활용한 음식점 영업이 가능한 환경을 조성해야 할 것이다.

젊은 인구의 급감에 따라 지역공동체 유지 여부의 지표가 되는 초·중등학교의 폐교 방지 대책을 추진해야 한다. 가장 유력한 대책으로는 시 당국의 투자로 공공 스마트팜 시설을 대량으로 건설한 다음, 읍·면 중심지의 초등학교에 자녀를 입학시키는 조건으로 젊은 농가에 임대하는 정책을 추진해 볼 만 하다. 읍·면별로 1천 평 규모의 스마트팜 온실 10개씩을 설치한 후 이를 합리적인 가격에 임대하면, 최소 10개의 젊은 가구가 입주하게 되고 10~20명의 초등학생들이 학교에 입학하게 된다. 연간 50억 원 정도만 투자하면 가능한 일인데, 농촌의 초등학교 살리기로는 가장 저렴하고도 유망한 정책이 될 것이다. 매년 600억 원을 투입해 12개 읍·면별로 1만 평의 스마트팜 온실이 생기면, 120개의 젊은 가구가 농촌에 입주하게 되고, 10년 정도 꾸준히 추진하면 1,200개의 젊은 가구가 농촌에 거주해 농어촌이 소멸 위기에서 벗어남은 물론, 충주가 스마트팜의 중심지로 발전하게 될 것으로 기대된다. 이들 스마트팜에서 생산될 원예작물들은 충주의 대표적인 농산물로 도약해 농업 발전에도 기여할 것이다.

노인 인구에 대한 복지정책도 세밀하게 정비할 필요가 있다. 노인복지는 경로당을 중심으로 집행되고 있는 것이 현실인데, 읍·면지역, 동 지역 할 것 없이 경로당 시설의 편차가 매우 크다. 경로당 시설에 대한 최소 기준을 설정해 이에 미달되는 마을들은 집중적으로 정비할 필요가 있다. 노인 인

구 1인당 경로당 면적과 같은 정량 지표를 설정해야 하며, 주
방, 화장실, 냉난방시설 등 유틸리티 공급 수준에 대해서도
최소한의 기준을 준수하도록 할 필요가 있다.

지방도시들은 정부부처나 국회, 청와대 등 중앙의 인사들에 대해 외경심과 함께 큰 기대를 갖는 경향이 있습니다. 이렇게 된 데에는 우리나라가 산업화되는 과정에서의 경험이 큰 영향을 미친 것으로 생각됩니다.

경제개발 초기 한정된 자원을 중앙정부가 선정한 분야와 지역에 집중 투입하는 불균형 성장 정책을 취했습니다. 포항에 제철소가 선다든지 울산에 공업단지가 조성된 일들이 그런 사례에 해당합니다. 고속도로와 철도, 용수 등 각종 인프라가 구비되는 데에도 중앙정부의 선택에 따라 지역별로 많은 편차가 났던 것도 사실입니다.

　그러나 경제발전 과정에서 민간의 역할이 커지고, 민주화와 지방자치제도가 정착함에 따라 우리는 중앙정부가 특정한 지역을 일방적으로 발전시킬 수 없는 시대에 살고 있습니다. 이런 환경에서 어떤 지역이 발전하기 위해서는 해당 지역의 역량을 키우는 것이 무엇보다도 중요하다고 생각합니다.

　지금의 현실은 어느 정도 정립된 룰 하에서 각 지역들이 경쟁해서 산업과 인프라, 관광객을 유치해 가는 경쟁의 시대라고 보는 것이 정확할 것입니다. 우리나라가 보유한 자원들이 어떤 절차와 과정을 거쳐서 분야별, 지역별로 배분되는지에 대해 제대로 아는 것은 지역의 발전을 추진하는 데에 있어 매우 중요합니다. 또한 이러한 자원을 확보하는 데 있어 지역의 역량을 하나로 모아 집중시킬 수 있는 정치적인 성숙도 또한 중요합니다.

　저의 경험과 생각을 정리한 이 책이 저의 고향 충주를 포함한 지방도시의 발전에 조금이나마 도움이 되면 좋겠습니다.